改变，从心开始

立 品 图 书 · 自觉 · 觉他
www.tobebooks.net
出 品

不是为了快乐

——前行修持指引

[不丹]宗萨蒋扬钦哲仁波切 著
姚仁喜 译

深圳报业集团出版社
SHENZHEN PRESS GROUP PUBLISHING HOUSE

责任编辑：陈曦
装帧设计：亿点印象

图书在版编目（CIP）数据

不是为了快乐：前行修持指引 /（不丹）宗萨蒋扬钦哲仁波切著；姚仁喜译．-- 深圳：深圳报业集团出版社，2013.1

ISBN 978-7-80709-510-1

Ⅰ．①不… Ⅱ．①宗… ②姚… Ⅲ．①佛教－人生哲学－通俗读物 Ⅳ．① B948-49

中国版本图书馆 CIP 数据核字（2013）第 013330 号

不是为了快乐：前行修持指引

BUSHI WEILE KUAILE: QIANXING XIUCHI ZHIYIN

［不丹］宗萨蒋扬钦哲仁波切 著
姚仁喜 译

深圳报业集团出版社出版发行
（518009 深圳市深南大道 6008 号）
三河市华晨印务有限公司印制 新华书店经销
2013 年 1 月第 1 版 2013 年 1 月第 1 次印刷
开本：787mm × 1092mm 1/16
印张：16.75 字数：200 千字
ISBN 978-7-80709-510-1 定价：38.00 元

深报版图书版权所有，侵权必究。
深报版图书凡是有印装质量问题，请随时向承印厂调换。

礼敬　吉祥圆满[1]。

快！

请您开展无尽的悲心之网，

温柔地拥抱这一切受苦的众生。

他们无止尽地追逐快乐，

却只带来不幸与伤悲。

[1] “吉祥圆满”（Tashi Paljor）为顶果・钦哲（Dilgo Khyentse）仁波切之名号。

牛与乌龟（2012）

此为香港名画家许月白女士应上师宗萨蒋扬钦哲仁波切之指示，于病中奋起，为本书手绘之插图。

目录

前言

在我们开始任何计划——例如学习新的语言——之前，若能毫无疑问地知道自己为何要做，并能确定它值得自己去贯彻，是会有帮助的。一旦建立起这个基础，你自然会问："我应当先做什么？"这是一个好问题，而且，如果是学习新语言的话，答案也相对单纯。对初学者而言，当然从字母学起；但是，如果谈到"圆满成就心灵之道"这种更具雄心大志的主题时，事情就会变得有点复杂。虽然我们必须提出同样的问题，但是比起学习语言的学生，这条探索之路对于渴望成为佛教徒的人而言，将更为危险。为什么？因为在佛教世界中，问题与答案都已经被制度化了。

理论上，由于每个人的心灵旅程必然有所不同，因此，对于"我应当先做什么"这个问题，也就会有许多不同的答案。遗憾的是，只有圆满证悟的诸佛与大菩萨，才能就每个人需要先做什么给予精确的量身教示；然而，在日常生活中，我们遇见这般圣者的可能性却极为微小。那么，我们该如何开始？我们该何时开始？该做什么？是否有什么是我们可以忽视或略过的？

由于我们缺乏证悟诸佛的个别指引，因此，唯一能依赖的就只有佛法现存的一般化教授，而这是数世纪以来揣摩臆想的成果。虽然这不像是个激励人心的消息，但是请诸位不要绝望。这些揣摩想象虽然已有数百年历史，但最初都是由一些世界上曾经存在过的、最伟大的学者与修行者所发展出来的。因此，“依循佛法之道，我该做什么？”如果你这个问题所获得的答案是修持“止禅”（shamatha meditation）或“四加行”*（four foundations），那么你大可放心，这个答案若不中，亦不远矣。

我们今天所面对的一个问题，是“前行”（藏 Ngöndro）这项修持愈来愈被看作是一种惯例或习俗。这并不是新的现象，习俗或传统原本就一直环绕着心灵修持的方法而衍生。事实上，我们很难想象如何能避免它，甚或该不该避免它。例如在缅甸、日本、泰国等地，现今装点佛陀智慧的当地色彩，即是过去让教法生根发展的极大助力。但是今天，只要有个想要步入金刚乘（梵 vajrayana）的弟子一接触到教法，就会被告知：做任何其他事情之前，必须先完成“前行”。然而，佛陀所有教法背后的意图，就是要我们超越人为的习俗与文化，这些都会随着时代、国界与主流思想而有所改变。设若佛教的律法是始于某个飞沙走石之地，佛陀无疑地会建议比丘们使用现在所谓的“罩袍”（burka）来保护脸庞。如果这个传统后来被移植到一个潮湿无风的热带森林，当地的比丘们可能不会觉得这条戒律有何启发人心之处。

你的修习愈深入，你就愈会发现前行是金刚乘最独特的要素。可悲的是，在这年头，大家都流行愈快摆脱它愈好，新进的金刚乘弟子将前行视为自己被允许接受更高深教法之前所需克服的门槛。这是极大的错误！而且也是个潜在的危险，因为它几乎无法被驳斥。然而，许多人都抱持这种看法，而其后果也开始愈来愈难以收拾。例如，在佛教圈里，有种心灵“政治正确”的作用，因此，即使像是“并非每个人都需要累积十万遍大礼拜”这种最轻微的建议，也会受到极大的排斥。如果愈多人这么想，这项珍贵的修持被贬为无意义仪式的风险也就愈大。

当然，依循一套步骤分明的修行之道，是有益又令人感到有所成就的。但问题是，现今的佛弟子们总是太过亦步亦趋地依循既定的修持。其实每个弟子的需求都不同，因而上师需要培养的一种善巧，是要找出最适合每个人根器的修持方法。

举例而言，假设你必须教导隔壁的邻居学骑自行车。你首先发觉她在清晨注意力都难以集中，而那却是她需要骑去上班的时刻。作为老师的你，于是建议她离家前先喝一杯咖啡来提神。结果成效奇佳，不到两天，她就在早晨安全地骑车上班了。不久之后，她的堂兄要她教如何骑车，由于你建议的那杯咖啡对她的骑车经验非常有效，于是不管他是否需要，她就将这个建议传递给堂兄。接着，她堂兄又将同样的讯息传递给弟弟，弟弟又传递给女儿，如此一路传递下去。过了五百年，就衍生出一种严密的教派——他们一定先喝完咖啡再骑自行车，否则就不上路。

文化配件多有用？

从亚洲发展出来的心灵之道，例如佛教或印度教，都包覆了各式各样的文化配件，而且为了适应各个种族的需求，也发展出各种特定的仪式。亚洲的人们喜好与佛法有关的各种盛典及仪式（这种带有戏剧感的仪典，至今还持续地利益许多修行者），然而，如今佛教哲学已经在亚洲之外传播，我们就必须面对某些挑战。许多古老的佛教仪式虽然很适合亚洲人，但是对欧美或澳洲等地的人而言，就比较难以消化。甚至出生在尼泊尔、不丹或中国西藏这些传统佛教社会里的年轻人，也很难理解一些佛法比较仪式性的面向。

但是，我们不能因为许多由来已久的东方传统看似有点过时，就武断地认为它们在现今变迁的世界中是无用的。虽然也许有些面向不再有用，但大部分佛法里所谓“宗教性”（religiosity）的事物，还是非常有用且值得保存。由于文化既非独立也非永恒，因此有关仪式方面的事物，仍可教导并加以运用。这也就是说，佛教修持中必要的那些古老文化元素，无疑地应该传递给现代人。

以合掌表示尊敬或致意的“合十印”（anjali mudra），就是一个优美而普遍的手势；将它应用在大礼拜上，也是众所接受的修持方式。想象如果这种修持被现代化，有人告诉你可以用握手十万遍来取代合掌，虽然理论上并无任何逻辑可说它行不通，但它就不会有相同的效果。强大而长久的习俗总会驾驭逻辑，而且老办法往往正是最佳的方法。往昔大师们非凡的洞察与远见，也在他们制定的这些广为运用的修持法门中得到见证。例如，禅坐时要挺直背脊，无论人们来自何种背景，这个方法都一直适用于所有人类。

当然，对现代的修行者而言，与前行修持有关的习俗与传统仍然非常合适。举例而言，像我这种人，就对既定的结构与可度量的目标感到鼓舞与启发——有如寓言中绑在驴子帽上的胡萝卜。但是我们处于末法时期*（degenerate times），很难在众多仍然存在的善巧方便中，分辨出何者仍然适合现代人。逻辑告诉我们，由于时代艰困，因此前行的每个项目都不只要重复习俗上的十万遍，而是三十万遍，甚或更多。然而，也有一些人鼓吹把数量降低到各一万遍，来激励那些会因数量庞大而气馁的人。

喇嘛项仁波切*（Lama Shang Rinpoche）曾说，想要修持大手印*（梵

Mahamudra）的人，应该不要把“先修完前行的积聚”看得太严重，他认为前行与所谓的“正行”应该一直同时修持。这里所说的重点是，前行的目标不应只是累积数量而已，而是要让它穿透我们的心，弄乱我们惰慢的羽毛，并且确实地削弱我们的我执。

《龙钦心髓前行》

佛教中许多所谓的“前行”，都以特有的名词来涵盖其独特且深奥的教法。我们以《龙钦心髓前行》*（*Longchen Nyingtik Ngöndro*）为例，虽然它是众所周知的“前行”，却包含了佛法中一些最深奥的语言。类似“脉”*（梵 nadi）、“气”*（梵 prana）、“明点”*（梵 bindu）等字眼一开始就出现于法本中，而且自始至终重复许多次。《龙钦心髓前行》背后的伟大启发即是“大圆满”*（梵 mahasandhi；藏 dzogchen）传统，它包含了藏传佛教中一些最古老、最直接的智慧法教。例如，在“上师瑜伽”（梵 Guru Yoga）中有关灌顶*（梵 abhisheka）的段落，就包含了与“四种持明果位”*（four stages of a vidyadhara）相应的内容；对某些人而言，仅是听闻持明*（梵 vidyadhara）的名号，就感到非常受鼓舞了。

虽然这些概念可能一开始会让初学者感到迷惑，但它们都不是留到法道终了才出现，而是一开始在前行的阶段就引介给大家，以便帮助学生熟悉这些名词与其背后不凡的意义。虔敬而精进的修行者，很可能每日复诵这些词句十年甚或二十年，才极为欢喜地逐渐发现它们所代表的深义。例如，多数佛法修行者都非常熟悉“菩提心”*（梵 bodhicitta）一词，大多数的人也都相当确定它与我们想要在心中建立的某种善良、慈爱的念头有关。然而事实上，“菩提心”的真义却只会在许多年的修行之后，才会浮现。

关于本书

本书所面向的读者并非全然新进的佛教徒，而是那些对佛法至少有些概念，而且无论花多少时间都愿意理解佛法语言的人，或者是那些强烈地渴望修持的人。我希望本书对所有想要修持藏传金刚乘法道的人都有用处，但是，就如同你将会发现的，虽然全书内容充满了一般化的论述，我还是以《龙钦心髓前行》作为主要参考，并且相当依赖于宁玛派发展出来的名词与解释。

然而，我必须承认，某部分的我担心如此做之后，反而会对所有其他深奥的金刚乘传承造成伤害，因为各个传承都有其独特的语汇，包含了精心琢磨的字眼与语意。为何我不包含其他这些传承的语言呢？尤其我们总是鼓励大家要培养“不分教派”（non-sectarian）的态度，而且要以纯净的观点来看待所有的传承。但是，如果挑选不同传承中的名词，然后把它们像语言炒面般地混在一起，事实上才是最违背“不分教派”的做法，而且毫无益处。例如，“平常心”（ordinary mind）一词对“大手印”修行者是某个意思，但对“大圆满”修行者又是另外一个意思。同样的，“不分心散乱”（do not be distracted）在声闻乘 *（梵 shravakayana）传统与金刚乘传统有相当不同的意义。因此之故，我试图以宁玛派对这些修持的解释为主轴，而我同时也要恳请诸位，未来如果你读到未曾在本书出现的名词时，请勿轻易忽略它们。

虽然我最常参照的是蒋扬·钦哲·旺波 *（Jamyang Khyentse Wangpo）的《龙钦心髓前行释论》，以及噶举派大手印前行的释论，但是无论你依循的是哪个前行传统，都有许多很好的参考文献。修持《龙钦心髓前行》的人，可以参考所有文献之中最特别的前行释论——巴楚仁波切 *（Patrul Rinpoche）的《普贤上师言教》*（*The Words of My Perfect Teacher*），它是一系列直接又基于经验的窍诀教授 *（pith instructions）。修持大手印前行的人，可以藉由冈波巴（Gampopa）的《解脱庄严宝论》*（*The Jewel Ornament of Liberation*）与许多其他典籍来充实自己。修持“道果”（藏 Lam Dré）的人，可以参考萨迦传承不同的《三现分》（*Three Perceptions*）教法；同时，我们也不该忘记宗喀巴深奥又殊胜的法教《菩提道次第广论》（藏 *Lam Rim*；*The Gradual Path*）。

其他值得研读的典籍包括：《楞伽经》*（梵 *Lankavatara Sutra*）、寂天（梵 Shantideva）的《入菩萨行》*（梵 *Bodhicharyavatara*）、莲花戒（梵 Kamalashila）的《修习次第》（*Stages of Meditation of the Madhyamika*）、阿底峡 *（Atisha Dipamkara）的《菩提道灯》（*Lamp for the Path to Enlightenment*）。

诸位也会发现我在本书中引用了很多名言，这纯粹是由于我的怠惰使然，我也因而感到一种奇怪的罪恶感。然而，最终而言，我们传达给别人的讯息也只能根基于对自己所学的自我诠释而已。因此我认为，与其挣扎好几个月试图精确地去翻译他们的话语，倒不如直接引用往昔大师们的语句更好。因为无论翻译有多“好”，也只是从我的观点看起来正确而已。

老天才晓得为什么——不！是“业”才晓得为什么——现代世界完全执著于“性别议题”。因此，容我先警告大家，我使用的有关性别的语句，可能会触犯诸位对政治或其他原则“正确性”的概念。然而，我例举中所使用的“他”或“她”，并非有意的选择。

至于各种不同观想的细节，有的可能过度解说，而有的可能太过草率地略过。因此，与其完全只靠这本书，我建议诸位根据你所修持的传统，参考大师们原始的释论会更好。

如果你想要了解更多本书提及的上师、教法或所用的名词，我建议你参考现在互联网上一些很好的资源，可以在其中查询名词的解释或上师的生平传记。这些资源包括：莲师翻译小组（Padmakara Translation Group）、藏传佛教资源中心（the Tibetan Buddhist Resource Centre）、本觉维基（Rigpawiki）、那烂陀翻译委员会（Nalanda Translation Committee）与本智出版社（Rangjung Yeshe Publications）等。

弥勒 *（梵 Maitreya）菩萨说，听闻佛法是开启解脱之门。很多学生便因而想象，对修持佛法而言，听闻与思维佛法就足够了。没错，对于刚刚开始心灵修持的人而言，听闻、阅读佛法是会很有收获，而且，比较老到的佛法修行者也不可将它完全放弃。然而，词语是完全依赖于古老假设的抽象概念，因此造成我们不得不使用的语言既暧昧又模糊。究竟而言，只是听闻、思维佛法是不够的，我们还需要修行。因此，在我们心灵之道上，闻、思、修佛法都非常重要，而以修持为其核心。

宗萨蒋扬钦哲（Dzongsar Jamyang Khyentse）仁波切

于印度比尔（Bir），2011 年 10 月

本书体例

一、注释：凡未标明是译注的，均为作者注。

二、名词解释：凡文中字词旁标有 * 符号者，都可于书末的《名词解释》中找到详细的说明。

导言 调整你的心

佛法的核心在日常行持之中

现今许多的佛法修行者，包括我自己在内，听闻佛法开示不知多少年了，但我们的心仍像木头般僵硬。在生活中，当一切似乎都很顺利时，我们就感到快乐；但是当计划受阻时，我们就感到受伤，而且还常刮起无法控制的情绪风暴，这是佛法从左耳进、右耳出的令人困扰的征象。我们不免会怀疑："我的习气真的有可能根除吗？有可能将它稍加调整吗？想象有一天我终能抵达某个境地，那时的每个行动都会是佛法的修行，这样想象合理吗？"我们有如刚学开车的新手，看着教练熟练地换挡、看后视镜又踩刹车，心里想着："我怎么有可能学会开车？"

在某部由海意菩萨（Matisagara）向佛陀请法的大乘经典[1]中，功德光

---

[1] 即《海慧请问经》。汉译本为《佛说海意菩萨所问净印法门经》。（《大正藏》第十三卷，p400）——译注

王菩萨问了佛陀一个有趣的问题。他请问佛陀，如果“真谛”与“证悟”都无法以语言描述，那么我们这种凡俗、愚痴的众生，如何能发愿成为证悟之道的弟子？佛陀回答：对教导这“不可说法”之道的人示以尊敬，当佛陀站立时，你也站立着回答；礼敬他，以有礼节的言语尊崇他；保护他，仿效他；供养他衣、食、住、医药与其他物资；或者只是景仰其事业，随喜其德行，忽略其过失，这就是我所谓的“护持不可说法的修持”[1]。佛陀同时也指出，佛法修持的核心不在持咒的多寡或禅定时间的长短，而是在一般、单纯的日常行持之中。

在此，以“如何与自己不喜欢的人相处”为例。虽然大多数的人不会有深仇大恨的仇家，但总会与令自己厌烦的人打交道。对初学者而言，低调地避免冲突可算是一种修行，但是如果你必须面对全世界最厌烦的人而躲避不掉的话，你可以仿效阿底峡尊者。尊者前往西藏时，他带了一个令人极度厌烦的人作为随行侍者，以便让自己有充分的机会修持安忍。虽然我们可能无法做到像他这种程度，但面对着令人厌烦又无法避免的同伴时，至少可藉此机会将“厌烦”当作修持的对象。

然而，佛陀所陈述的重点是：我们心的状态不可避免地会从日常生活的

---

[1] 《佛说海意菩萨所问净印法门经》第九卷。尔时会中有一菩萨，名功德光王，从座而起。前白佛言：“世尊，如佛向者作如是言：我于不可说法中而成正觉。世尊，若法不可说，何故今言护持正法？”佛言：“如是如是，善男子，如汝所言，我于不可说法中而成正觉。然，善男子不可说者，谓以世俗文字语言，于无为法中而不可说，若以文字语言诠总持门，施设建立显明开示。乃有所说，此即是为护持正法。又，善男子，有说法师，于如是等甚深经中，广大受持为他演说如理修行者，若人能于此法师所恭敬、尊重、承事；种种供养密为护持，饮食、衣服、坐卧之具，病缘医药善作供施；能护善法，善护语言，于非语言而为藏覆。此即是为护持正法。”（《大正藏》第十三卷，p496a）——译注

各种反应中显示出来。例如，当计划受阻时，你的情绪改变得多快？一分钟前你的感觉还好，突然一阵北风吹来，勾起你过去情绪危机的全部回忆，让你重复经历每个痛苦的细节。你到了无法自己承受不愉快的地步，于是打电话给朋友。他注意地倾听，而你径自地展现所有的痛苦，完全不考虑后果，不多时，朋友也跟你同样的沮丧、消沉起来。这么做的目的何在？作为发愿成为菩萨的你，如果感到需要纵容自己的痛苦，那么就独自享用吧，别把其他人一起拖下情绪的疯狂大戏之中。特别如果你是“施受法”(Tonglen)的行者，誓言要承担世上所有众生的痛苦，更不应让别人分享自己的痛苦!

基本上，也该是时候让佛法确实穿透佛弟子之心了，特别是像我这种已经在这方面兜转了很久的人。而且，即使你在一百次的尝试中只这样成功穿透了一次，那也是值得获颁勋章的成就。

心灵修持会不断地改变

无论你是日常修“止”，还是长期闭关，你的修持一定会不断地改变，每天都会有不同的体验。例如，你可能会发现在早晨心智清晰，到了下午却昏昏欲睡——这是所有人类所受的苦，由于我们都陷在身、语、意三个硬壳中，因而受到五蕴*（five skandhas）与五大*（five primary elements，五大元素）的支配。或者你也会经历情绪在两个极端之间震荡，例如，周二晚上你情绪稳定又快乐，但到了周三早上脾气却变得极为暴躁，甚至连树叶沙沙作响的声音都会令你感到不愉快，这些状况都会在某些时候发生在每个人身上。又如今天令我们感到鼓舞的事，明日则会让我们气馁；今天令我们伤悲而决心出离世间的同一件事，改天又会是令我们一头栽进娑婆轮回深渊的原因。这些让情绪摆荡的罪魁祸首，就是完全依赖于五大的“蕴”*

(aggregate)。因此，我们的修持完全无法持续而连贯。

正因为缺乏连贯性，所有的修行者——特别是初学者——更应以各种方式激励自己去修持。如同我们不会只给婴儿一个玩具玩耍，同样的，修行者也不应只以一种修持方式来自我设限。如果某一天，你觉得声闻乘的教法可能有助于厘清出离的利益，你绝对就应当去运用它。也许明天你发现，思维现象如幻的本质更具启发性，因为它让你了解几乎没什么事物可以出离，你也应该毫不迟疑地去运用这个见地。你要善巧地以此时此刻对自己能产生作用的方法修持，而不要限制自己，因为对初学者而言，对修持培养出感觉是非常重要的。一旦发现一两种修持对自己最有效，你就应该专注于其上。这有点像迁居到城里去，一开始你到处游走，在住家与工作的地点之间尝试各种路径，直到终于找到最方便的一条路径后，才固定下来。

还有某些时候，任何寻常的逻辑都起不了作用，即使最明显的事实，像是“死亡迫在眉睫且无可避免，一切众生——包括朋友、家人，甚至是自己，都无法逃避”，你都无法接受。当你的心被这种顽强的愚痴占据时，你应当向上师、佛、菩萨祈请，请求他们帮助你真正接受“死亡无可逃避”的事实；而且切勿落入圈套，以为必须先学习厌弃轮回，并培养强大的“出离心”，才能做这种祈请。伟大的蒋贡·康楚·罗卓·泰耶*（Jamgön Kongtrul Lodrö Tayé）曾说：“无论任何事情你都应该依赖上师，包括加持我们不再渴望轮回。”事实上，我们甚至应当祈请上师，请他让我们不忘祈请。

在修行者之间常有一种很普遍的误解，总以为如果要认真地修持，就必须移居到加德满都或某个洞穴里，然后修持就会自动地完成。事实并非如此，你只要看看目前住在加德满都的学佛者，就能了解地理位置并不保证心灵的进步，这些佛法浪人有的都已经住在加德满三十多年了，然而他们却未曾有所改变。他们的心和当初到达时同样的僵硬，有些人还每况愈下。他们还是背负着一般人都有的世俗垃圾，却以“佛法修行者”之名来伪装。虽然这种伪装不难看破，可是一旦被识破，他们便无法承受这种屈辱。因此，你可以确定，为了能有效地修行而离家出走是不必要的。

佛法教授

佛教的各种修持是我们用来对治“自我珍爱”习气的技巧，每种技巧都是用来攻击各个不同的习气，直到完全去除“我执”这种无法抑止的冲动为止。因此，虽然有些修持看起来像是佛教的，但如果它反而强化了我执，事实上会比任何非佛教的修持还更危险。

在这年头，有太多教法都是为了让我们“感觉良好”而做的，甚至一些佛教上师们也都有如“新时代”（New Age）的先知了。他们的开示完全都着重于肯定我执的显现，以及为自我感觉的“正当性”背书，这两者都与窍诀教授中的教法无关。因此，如果你要的只是感觉良好，那不如去做个全身按摩，或是欣赏能提振精神、歌诵生命的音乐。佛法教授并非设计来让你开心的，相反的，它是特别用来暴露你的缺失，让你感到极为糟糕的。

你可以试着去阅读《普贤上师言教》，如果它让你感到沮丧，如果巴楚仁波切令人不安的真理动摇了你世俗的自信心，你应该感到高兴，因为那是你终于开始理解某些佛法的征兆了。同时，感到沮丧不见得必定是坏事，由于自己最羞耻的缺失被暴露出来而感到消沉丧气，是完全可以理解的。在这种情况下，谁的心里不会觉得刺痛呢？然而，完全了解自己的过失，不是比全然无知更好吗？如果对自己个性中某个特定的缺点一直浑然不觉，你如何能去处理它呢？因此，窍诀教授也许暂时会令你沮丧，但它能帮你把过失抓出来曝光，让你能彻底地根除它，这就是“佛法穿透你的心”的意涵，或是康楚仁波切所说的“佛法的修持结了果”，而不是经验到好梦、乐受、极喜、神通、强大的直觉等等这些我们许多人都希望获得的所谓“好”的体验。

对康楚仁波切而言，当修行者对她过去不断唠叨而在乎的事不再觉得有什么了不起的话，那就是佛法修持开始结为果实的征兆了。例如，在你还未成为真正的佛法修行者之前，若是有人称赞你的发型，你就会沉醉在喜悦之中；若有人建议发型还可稍微再改善一点，你就即刻掉入无可挽回的沮丧之中。无论是哪种情况，你都完全不予回应，就是你的修持结了果，你也开始成为真正的佛法修行者，这比经验到上百万个恩宠、令人鼓舞的梦或乐受还要更好！

一个梦境到底是好的还是坏的征兆，是很难分辨的。巴楚仁波切说，一个好梦很容易是障碍或魔罗*（梵 Mara）的化现，因为如果你把它看成是目标已经达成的征兆，那么你可能就会停止修持，或对自己的能力显现出自我膨胀与憍慢。因此他说，如果你昨夜梦见与佛陀共进晚餐，你应将此梦视如一口痰一般，不用多想，更不必记录下来，或与别人谈论它。事实上，你应该有点担心。同样的，若是感觉自己多了一点悲心，或增加了一点虔敬心，你也都要担心，因为这些都可能让你研读或修持的纪律松懈下来。

伤悲之心

康楚仁波切建议我们要向上师、诸佛与菩萨祈请，请求他们赐予加持，“让我因而生起伤悲之心”。但是，何谓“伤悲之心”（heart of sadness）？想象有一夜你在做梦，虽然那是个好梦，但在内心深处，你知道自己终究会醒来，而这一切都会结束。我们在生命中也是如此，无论我们的感情、健康、工作或生命中其他面向目前的情况如何，一切的一切迟早都会改变；而如小摇铃般一直在脑后提醒你这种无法避免之事实的，就是所谓的“伤悲之心”。你会了解，生命正与时间赛跑，因此不该将修持佛法拖延到明年、下个月甚或明天，因为未来可能永不到来。

“与时间赛跑”这种态度非常重要，特别是在修持上。我亲身的经验告诉我，当我答应自己“下周我即将开始修持”，多少就确定了我永远不会去做，而我猜很多人都跟我一样。所以，当你理解佛法修持不只是正式的静坐禅修，而是不停地与自己的懦慢与我执对抗，以及学习如何接受各种改变，你就会即刻开始修行。举例而言，想象你坐在海滩上欣赏落日，没有什么不如意的事发生，你感到很满足，甚至很快乐。但突然间，那个小摇铃在脑袋中开始响起来，提醒你这可能是你看到的最后一次落日。你理解到，如果自己死了，来生很可能完全不具足欣赏落日的能力，更不用说有能力理解何为“落日”。光是这种思维，就会帮助你的心专注于修行 。

死亡的确定性

我们必须向上师、诸佛与菩萨祈请，请求他们赐予加持，让我们因而能衷心体悟死亡的确定性，一而再、再而三地提醒自己这个事实——“自己与所有认得的人都随时一步步接近死亡”。当然，我们都不是白痴，所以都知道自己不免一死。但我们还必须与更糟的事实相处，那就是自己何时会死，以及死亡将如何发生的不确定性。随着我们对因、缘、果的信任与尊奉愈加增强，我们更要一再地思索这个不确定性。

我们要常常提醒自己“死亡”与“业”，因为令人讶异的是，大多数的人很容易忘记这两件事。时常忘记“业”的一个明显征象，是我们有太多的抱怨——对佛陀、上师、丈夫、妻子、友人或街上的陌生人。例如，想象有个固执的人坚持要在悬崖边上的土路驾车，有人告诉他这条路很危险，而且饮酒驾车更是自找麻烦，但他完全忽视这些忠告。有一天，他喝得烂醉，又在悬崖边上加速前进，于是车子翻下了悬崖，在他摔落崖下石堆之前，在最后的几秒钟，他还在抱怨这是多么的不公平。这，就是人生的写照。如果能检视所有我们经历过的悲剧之因，就会发现自己是如何有系统而精确地安排了所有的因与缘，因而确保了我们所经验的果。然而，我们只是不断地抱怨！这显示出你对因、缘、果缺乏理解，且对佛、法、僧缺乏信心。

巴楚仁波切曾说，天底下并无所谓“佛法修持”与“世间法”两者都圆满的人。如果我们遇见某人似乎两者都圆满，那么他的善巧很可能只是根基于世俗的价值。

误认为修持佛法会让自己平静，而且能过无忧无虑的生活，这是个极大的误解。佛法并非一种治疗；相反的，佛法其实是专门设计用来翻转你的生命的，而这也是你来报名参加所想要得到的。因此，当你的生命四处碰壁时，为何要抱怨呢？如果你修行，而生活却未翻覆，那么这是你的一切所为皆未生效的征兆，这是佛法与“新时代”法门——诸如灵气（aura）、人际关系、沟通、舒活（well-being）、内在孩童（the inner-child）、与宇宙合一、拥抱树木（tree-hugging）等——的分别。从佛法的观点来看，这些花样都是轮回众生的玩具，也是很快就会令我们感到无聊麻木的玩具。

超越概念

真诚地想要修持佛法的愿心，并非出于对自我快乐的欲求，也不是希望被人认为是个“好人”，当然更不是想要让自己不快乐，或成为一个“坏人”。真正想要修持佛法的愿望，来自于达到证悟的渴望。

大致而言，人类都倾向于跟随大众所接受的规范，并以温和、有礼、受尊敬的态度来融入社会。矛盾的是，这也是大多数人想象修行之人应有的举止。若有佛法修行者被发现其行为不端，我们就会摇头，而且对她胆敢自称为佛弟子相当不以为然。然而，我们最好避免这种批判，因为“融入”并非真正佛法修行者努力的目标。就以帝洛巴（Tilopa）为例，他的样子极为古怪，如果他今天出现在你家门口，你大概会拒绝他进门。而你是有道理的，因为他很可能几近全裸，如果你幸运的话，他顶多穿了类似丁字裤的东西。他的头发从未接触过洗发精，嘴里含着抖动的活鱼，鱼尾巴还露在外面。你对这种人会有什么道德判断？“他！是个佛教徒？那只可怜的生物正被他折磨生吞！”这是我们神性、道德性、批判性的心在作用。其实，这种作用很类似世界上那些较为清教徒式、破坏式的宗教。当然，道德性并无必然的错误，但根据金刚乘的教法，心灵修持的重点是要超越我们一切的概念，包括道德性的概念。

在目前，大多数的人只能承受些微的特立独行，但是我们应该祈愿自己终能一如帝洛巴。我们应当祈愿，自己终有一天会有勇气，能够如他一般的疯狂而胆敢超越“世间八法”*（eight worldly dharmas），对别人的赞誉或批评都毫不在乎。在现今的世界，这种态度是终极的疯狂。大家愈来愈认为，当自己受到钦羡或赞美时应该感到快乐，受到轻蔑或批评时应该感到不快乐。因此，那些希望被世人看成是正常的人，很难冒险飞出“世间八法”的巢穴。然而，圣者对此毫不在乎，因此从世间的观点来看，会认为他们是疯狂的。

第一部

我们为何要修持前行？

第一章 佛法有什么好处？

佛法会让我快乐吗？

快乐，是形容所有人类共同目标的一个概略名词。虽然我们每个人都想要快乐，然而对于“快乐”的意义以及如何去达到它，却是众说纷纭。

全世界数十亿的人们都深信，快乐仰赖于自己拥有多少物质财富。他们梦想要过着一如好莱坞红人、名流般的日子，拥有一切与其身份相符的派头，例如住在坐落于比华利山的大豪宅，或使用工业用的烘干机来烘干一条手帕。然而，在真实的状况中，只有一小部分的寻梦者能将自己挤进洛杉矶。而且，就算我们还可以找到其他类似的理想场所，若是上亿的人都过着这种奢华浪费的生活，光是对生态所造成的后果，就会是一场浩劫。届时不仅是这些寻梦者，连同地球上其他任何人，都无法再享有片刻的快乐了。

我有个澳洲学生道格拉斯（Douglas），他代表了另外一种版本的“快乐”。道格拉斯靠着政府的失业救助福利维生而毫无感激，“出离心”与“厌离轮回”是他避免工作的借口。虽然他算是个佛弟子，但是深植的怠惰心以及缺乏个人的责任感，造成他纵然拥有很多空闲时间，也不修行。像这样不必工作，又靠着别人的善意过日子，似乎带给他某种喜乐的感觉。但是像道格拉斯这种人的问题，在于他们习惯了依赖政府救助过日子之后，就会变得麻木不仁，开始认为这种无止境的财务补助是自己应得的权利。很多所谓的“佛法修行者”都属于这一类，特别是在有慷慨社会福利制度的西方自由社会中，他们就如同道格拉斯一般，也利用佛法当作避免工作与责任的借口，这是错误的。他们为自己所炮制的轮回版本，比起喜爱悍马（Hummer）的物质主义者之轮回版本还要糟糕，因为他们利用佛法，将它做了精巧的伪装。

因此，在开始追求快乐之前，很重要的是必须先确定什么是“快乐”真正的意义。对于那些喜好奢华的火红名流或无所事事的浪荡子，我会说，要想达到你们所认定的快乐，佛法是毫无用处的。然而，如果你“快乐”的概念是要超越世间的喜好与欲望，而不只是名利的追求，那么佛法也许就是你在寻觅的东西。

培养“出离心”

如果世俗的快乐并非佛法的目标，那么，是什么东西让人想要投入于修行？一个富裕、开心又有强大个人安全感的人，很可能不会动念要踏入心灵之道。当然，每个人——甚至富有的人——都会经验到短暂的悲伤或无助，也都可能有过冲动想要掉头拒绝这个世界能够提供的东西。然而，这都不是真正“出离心”的经验，它与忧愁、无聊比较有关，就如被宠坏的小孩厌烦了玩具似的，我们只是迫切地需要一些改变而已。

蒋贡·康楚·罗卓·泰耶曾说，如果你的内心深处仍然相信轮回中有某个小部分可能还会有用，甚或能对世俗问题提供究竟的解答，果真如此，你就很难成为一个真正的心灵探寻者。若是相信生命中的问题会自动解决，相信一切损坏的东西都会自动修补，相信在轮回中有某些事物是值得奋斗的，那就不可能培养出一种真诚的、完全投入的态度来修持佛法。对佛法修持者唯一有用的见地是：痛苦没有解答，轮回亦无法修补。

当我们思维死亡时，就很容易持守这个见地，因为死亡是绝大部分人类最恐惧的事情。从另一方面而言，“生”却会引起非常不同的反应，毕竟，“生”不就是关于美好未来的希望与允诺吗？然而，像印度学者龙树 *（梵 Nagarjuna）这种圣者就不这么想，龙树认为“生”与“死”同样的可怕，因为“生”意即回到轮回，佛法修行者应该恐惧它，恰如恐惧迫在眉睫的死亡一般。

龙树在《亲友书》（*A Letter to a Friend*）[1] 中说道：

如是漂流生死处　天人畜及阿修罗

下贱业生众苦器　鬼趣兼投捺落迦（即地狱）[2]

（轮回如是，因此我们投生为天人、人，或为地狱中的众生，或为鬼、畜生；但你应知，“生”是无益的，它是众苦之器。）

---

[1] 《亲友书》又名《龙树菩萨劝诫王颂》（*Advice to King Surabhībhadra*），是龙树菩萨为他的朋友禅陀迦王传讲的教法。

[2] 《龙树菩萨劝诫王颂》第一〇三颂，《大正藏》第三十二卷，p753c。——译注

生缘于老死　忧病求不得

轮回大苦蕴　斯应速断除

如其生若灭　众苦殄无余[1]

（一旦有了“生”，伴随而来的是难以言喻的忧悲、疾病、衰老、欲求不得、死亡、衰颓等。简而言之，轮回是苦的聚集。设若能停止“生”，这一切的苦就不会再生起。）

很重要的是要了解，这世俗的一生或即使是其中的一小部分，也许会看似有正面的品质，然而它终将失败，因为在轮回中绝对没有任何事物会真正的成功。虽然这种心态非常难以培养，但是如果能够至少在智识的层次上去接受，它就会提供我们步入心灵之道必要的诱因（其他的诱因包括：试图去纠正世俗系统而愚弄了自己，或因而纠缠于其中无法脱身）。然而，从根本上而言，只有真正领会到轮回其实是多么的毫无希望且缺乏目的，初学者才会在心中生起追随心灵之道的真正愿望。

如同释迦牟尼佛以极大的悲心与勇气，对一位独裁的国王解释四种无可逃避的事实，它们终将摧毁一切有情众生：

（一）我们都会老去而衰颓；

（二）一切事物都随时在改变，这是绝对确定的；

（三）一切我们所积聚或成就的事物，终会溃散；

（四）我们终究免不了一死。

---

[1] 《龙树菩萨劝诫王颂》，第一一一颂，《大正藏》第三十二卷，p754a。——译注

然而，由于我们强大的情绪与习气，即使真谛就在面前直视着我们，我们也看不见。

除了认知轮回的徒劳无功之外，修持佛法的要点在于它藉由促使我们舍离“世间八法”，因而能穿透我们的心，并减少我们对我执与世俗生活的执取。我们的修持也应当能强化自己对真谛的虔敬心，增加自己对出世间法的重视，不违犯佛陀教法的重点，并完全地契合佛陀的究竟法教。如果我们所谓的“修持”无法成就上述这些重点，那就不是真正的佛法修持。

任何一种修持，无论它看起来多么有益，或多么“政治正确”，或令人感到振奋，如果它未能抵触你执著于恒常的习气，如果它状似无害，却鼓励你忘却无常的真谛与现象如幻的本质，那么它带领你所走的方向终将与佛法背道而驰。

伟大的吉美·林巴（Jigme Lingpa）[1]说，当你修持佛法时，如果毫不费力就变得富裕的话，那你应该供养火供或水供、荟供 *（tsok）等供施；如果你变得有名而吸引许多追随者的话，那你就应该将他们引导到佛法的修持上。虽然特意去讨好有财有势者并不具任何意义，但是如果这么做能让佛法利益某些众生，或出现某些善果的话，就无须去得罪这些人。更准确地说，以无上的佛法作为指引，就如同身为国王一般。一切所想都只是佛法，会让一个凡俗的人生变得殊胜。修持菩提心远胜于修持一般的宗教，而歇息于本然状态中，远远超过安住于任何一般的见地。

---

[1] 吉美·林巴（Jigme Lingpa，1729~1798）被认为是无垢友（Vimalamitra）、赤松·德赞王（Trisong Detsen）与贾瑟·拉杰（Gyalse Lharje）三者合一的化现。——译注

他同时也指出，虽然拥有人身就如同发掘到如意宝一般，但我们也必定注意到，许多人都未曾经验过“伤悲之心”，因而浪费了自己珍贵的生命。虽然得遇上师比受封王位更值得庆祝，但我们也必定注意到，那些缺乏虔敬心的人视上师是“不净”的，因而糟蹋了自己的好运。虽然一瞥“当下心”（this-moment mind）就如同亲见佛陀一般，但我们也必定注意到，那些缺乏精进的人让自心游荡而入于散乱。

培养面对真谛的意愿

大多数的人在必须面对真相时，总是容易心生怨恨，再从怨恨生出否定，最明显的例子，是在自己不得不承认生命本质如幻或死亡事实的时刻。纵然死亡是无疑而普遍的真谛，我们却不肯去思维它，习惯性地假装它不会发生——这也是面对大部分其他令人不安的真谛而难以“下咽”时，我们所采取的态度。

真诚地希望成为佛法修行者，很重要的是要培养拥抱真谛的意愿与开放的态度，而非心生怨恨，因为佛法就是真谛。佛陀直截了当、不加渲染或掩饰地述说了真谛，无论是针对无常真谛的恐怖、烦恼的折磨、世界的如幻本质，以及最重要的、深广的“空性”（梵 shunyata）真谛，他都从未给弟子们玫瑰色的眼镜片来柔化它们。所有这些真谛都不容易理解，甚至也很难让人愿意去理解，特别是对于习惯以情绪的满足与世俗的快乐作为目标的心灵而言，更是如此。因此，若有人得以听闻空性的教法，而且在智识上、实际上、情绪上都能容忍的话，这就是他们与佛法真正有缘的征象了。

如何珍惜佛法真正的价值

要学习珍惜佛法真正的价值，第一步就是要真诚地承认并全然接受这两个事实：轮回是无药可救的绝症，而且我们都深受其苦。这个病症虽然让人虚弱、昏沉、失去任何自我控制的能力，但我们仍坚信自己能处理并指使生命的每个面向，我们深信一切都在自己的掌控之中。事实上，我们当然完全无能为力，而且除非理解并承认自己病况严重，否则要真正珍惜佛法是无望的。每天自我提醒上述这两个事实是个好方法，一如病人需要定时依循医师的处方进行治疗，而且藉由这么做，你将打下“谦卑”的基石。

一旦真心接受自己是虚弱、有病的，就会自然生起寻得疗方的动力，因而引导我们培养出“追寻之心”(seeking mind)。积极地寻求疗方非常重要，特别是在我们踏上心灵旅途时，“寻觅”往往比“寻获”更为重要。在整个过程中，我们的老师就是自己所依赖诊断病症的医生，而他的教法就是开给我们治疗的处方。但在此末法时期，很少人能如此地看待自己的状况；相反的，我们对自己显然健壮的身体，以及得以拥有一切生活所需（甚至更多）而感到骄傲。正如康楚仁波切所指出的，在优先顺序上，我们一向都把佛法排在最后。因此之故，如果让我们选择一口装满了深奥佛法教法的大箱子，或是一只装了致富成名必需品的小皮包，多数人都会宁愿选择后者。

也许你会以为，一旦完全了知自己病了，想要找寻疗法的急迫感就会让我们没有太多时间做其他的事，但是对某些人而言，他们对佛法的渴望，是一辈子都在心灵之道上“浏览橱窗”所使用的借口。很遗憾，具有这种心态的人，常都被那些有意避免任何苦修，而且号称具有快速、无痛心灵答案的宣传所欺骗。虽然善逝（Sugata）[1]的大乐之道（佛陀所指引的心灵之道）并不鼓励具有自我摧残倾向的苦行，例如自我鞭笞等，但毫不费力的心灵之道是不存在的。不幸的是，以修持佛法为名的“心灵橱窗浏览者”对自己所听闻、阅读的教法总是漫不经心，不加分辨，甚至连花点力气去复印一页纯正佛法的好奇心与兴趣都付诸阙如。他们从未想过要将所听闻的教法付诸修持。

怙主顶果·钦哲仁波切*（Kyabje Dilgo Khyentse Rinpoche）曾说，一般人与非凡的人都如此，甚至有些喇嘛与转世祖古也都想以简单的方法来修持佛法，而不想忍受太多的辛苦。虽然他们应该比别人更了解，但是他们对领受到的珍贵法教却鲜少感到珍惜，或做任何形式的供养，更不用提身、语、意或献身命的供养！他们喜欢那种无须立下任何承诺的法教，而且不但不积极寻觅上师或创造修持所必要的因缘，反而期待这些都自动上门。

克服贫困的心态

我们许多人都自觉心灵贫困，根据康楚仁波切的说法，这是因为我们从不停止对舒适与快乐的欲求之故。除非克服这种贫困心态，否则我们大部分的心力永远会忙于想要确保更多个人的舒适与快乐，如此一来，要放下任何事情都很困难。甚至连那些自认的心灵修持者，都会发现自己无法做到放弃个人舒适与快乐所必要的那种超乎常人的尝试。

在此的问题是，从表象、世俗的层面上来看，一切心灵之道的事物——

---

[1] 善逝（Sugata）字义为“已达快乐”、“佛”，即以菩萨乘快乐之道抵达快乐果位——圆满的佛果。——译注

特别是佛法——都似乎毫无用处，而且全然是浪费时间。我们是实用主义者，我们喜欢建造能让自己舒适且快乐地居住于其中的房屋。因此，建造一座没有卧室、厕所或任何功能的佛塔，会让我们觉得纯属浪费。但是，就如同康楚仁波切所说，若我们仍然对于"世俗的价值与理想可能有点用处"的想法有些微执著的话，我们就很难去从事如心灵修持这种明显看似无用的事，而且要切断与世俗价值捆绑在一起的习气，尤其是与物质财富有关的习气，基本上是不可能的。

吉美·林巴曾说，在此末法时期，人们以追随上师的弟子人数多寡以及寺院对其弟子们的影响力大小，来衡量佛法的兴盛与否。然而，从纯正佛法的观点来看，"财富"有着完全不同的意义。对佛法修行者而言，"财富"不是金子、银子或银行存款，而是"知足"，是你认为自己已经足够、别无所求的那种感觉。吉美·林巴更说，虽然出离者或许不必然会渴求更多财富，但他们可能会渴求名声。他警告修行者，这比渴望财富还更糟糕。

要贪求"圣财"

无论渴求的是世俗财富还是"圣财"（noble wealth），两者都得之不易。我们为了获得世俗财富付出许多努力，为了圣财——出离心、慈爱心、虔敬心与大悲心——更应该加倍付出努力，特别是在心灵之道的初期。

怙主顶果·钦哲仁波切曾说，佛法修行者对于他们所领受、研读、修持的教法数量，永远都不应该觉得满足，因为"法财"（wealth of dharma）是唯一值得拥有的财富。往昔有为数惊人的上师、圣者、学者，他们完全了解这个真谛而心甘情愿地以生命换取一句法语。他们也充分理解，当我们临终时，虽然必须放下自己的身体、家园与银行存款，但佛法却是我们可以带着走的唯一财富。

如果你憧憬圣财，而且想要自己拥有一些的话，首先需要一些基础训练。实际上，生起对心灵之道的真心喜好，就如同昙花一现般地稀有，因此，以它来确保心灵的未来是不够的。而真诚、由衷的启发与渴望也极为稀有，你可能一辈子都等不到一次这种经验。生起对轮回真正的厌离与反感，也同样非常稀有，由于这些感受都不容易自动生起，你必须去造作、制造它。因此，对于心灵之道的新进者而言，一个首要的工作就是调整自己的基本假设，然后伪装它！

“假装”自己厌恶轮回，一开始可能会感觉奇怪又不自然。但是，经由一再地修心来接受这个事实，真正出离的感受终将在你心中培养出来。虔敬心、信任心、自足感、伤悲之心也都是如此，一旦你造作、强化这些情绪的时间够久，它就会自动变成真的。因此之故，初学者要能安于接受自己大部分的修持都以“伪装”作为基础。

听闻与思维佛法

弥勒菩萨在《宝性论》（梵 *Uttaratantra*）中，礼赞智慧超越一切。他说：

> 入禅定消三界火　已胜梵天最上位
> 不若受持一句法　所生净福胜禅定[1]
> （设若有人其禅定能消除三界一切烦恼火，并已达梵天境界之成就，甚至

[1] 谈锡永译，《宝性论梵本新译·后分》，第一五八颂，p228。（台湾：全佛，2006年）——译注

进而能作为获得无上正等正觉的修持方便，又有人仅听闻此法一言，却充满信心，此人所得的福德更胜禅定之福德。）

布施唯能得享乐　持戒唯生天界中
禅定能除烦恼苦　二障唯般若能除
是故般若为最胜　彼因则为闻此法[1]

（何以故？布施仅能带来财富，持戒能引导我们投生善道，禅定能祛除烦恼，然而只有般若［智慧］才能完全去除烦恼障与所知障。因此，般若是最殊胜的，而研读此法即是般若之因。）

对于我们而言，轮回一直是如此精密而完美的呈现，但藉由听闻佛法，我们开始发现其本质上隐藏的过患以及其令人讶异的脆弱性。同时，随着轮回的真相渐次地暴露出来，我们也开始发现涅槃并非一如先前所想象的那般无聊或难解。相反的，涅槃殊胜的力量与功用，突然变得非常明显，让我们开始更能分辨有价值的行为与伤害性的行为。

对于想要获得证悟的人而言，虽然听闻佛法是不可或缺的方式，但它并不容易，因为听闻一系列的话语是一件事，而要全然了解所听闻的内容，又是另一件事，这完全要依赖自己到底积聚了多少福德而定。

依自己的能力而修持

大致而言，我们修持什么以及修持多少，基本上都取决于我们的能力、

[1]　谈锡永译，《宝性论梵本新译・后分》，第一五九颂，p228。——译注

工作与家庭状况，以及有多少时间可以使用。这些都是完全有效的准则，因为是佛陀本人所认可的——就如下面这个屠夫的例子。佛陀在世时，允诺一个屠夫不在夜间杀生的发愿，但为了维持生计，屠夫仍在白天杀生。最后的结果是，这个屠夫后来投生于一个近边地狱中，他在那里，白天受尽痛苦的折磨，而一到夜里就享乐无尽。

在这则故事中，佛陀告诉我们，虽然此人以杀害牲畜为业，但职业并不能阻止他或跟他同样的人成为心灵修行者。然而，关于佛弟子最大的一个误解，就是我们若非成为如密勒日巴 *（Milarepa）般的隐居瑜伽士，日复一日、经年累月地修持，否则就必须成为僧众。如果屠夫都能成为修行者，那么士兵、渔夫、娼妓们也必然可以。事实上，任何人都可以是佛法修行者，无论你的生命状态、生活方式如何，没有任何事物能阻止你修持佛法。而且，纵然大部分的人都无法完全做到教法所劝导的行止，但是若能养成一两个行为或态度，你的生命就会有很大的不同。因此，一个人是否必定要成为比丘、比丘尼或瑜伽士才能作为佛教徒？绝非如此！

有关这个屠夫的故事，其中有个面向也许需要加以澄清。如果我们误以为佛陀要求屠夫夜间不杀生是在认可谋杀，那就错了，完全不是如此。发下誓愿只是一个踏脚石，藉此引导屠夫到一个无须以杀生来维持生计的状态。事实上，一切佛教的修持都有如在证悟之道上的踏脚石，其本身都不是终极的目的。例如，佛陀教导比丘们观修“不净”，观想女性只是由血、脓、肉、尿、屎等基本生理组织所组成，这并非认可贬低所有女性，而是用来帮助比丘们远离一己的欲望，他绝对不是要将比丘们都变成厌女症者（misogynist）。

一般而言，佛法总是相当宽容的，而且当你踏上佛教之道的第一步时，也会根据自己许可的状况能做多少就做多少，这也理当如此。如果受到佛法吸引的人，立刻就因为必须出家或接受上百条誓戒而放弃的话，那就太遗憾了。

誓戒

作为初学者，如果你对自己有信心持守的一两件事立下誓戒，会是很好的开始。例如，试着发愿绝不夺取人命，这是相当容易做到的事，因为在我们之中，即使最不持守戒律的人也不太会养成杀人的习惯。如果你未曾立下这个誓戒，虽然你不太可能会因为违犯杀戒而积聚恶业，但也不会因为不违犯杀戒而积聚善业。可是一旦你立下誓戒，在你不杀害任何生命的每一刹那，包括睡觉或上网的时间，你就时时刻刻都在积聚善业。因此，选个容易做到的誓戒当作开头，然后随着勇气与热诚逐渐增长，你就可以增加誓戒，例如发愿要永远给他人忠告，或不生起分别心等。

我们要永远记得，佛教修持里的誓戒，只是佛法千百种方法中的一种，本身并非目标，你是否应该做此修持？当然应该！我非常推荐大家这么做，因为萨迦・班智达*（Sakya Pandita）说，立过誓戒与未曾立过誓戒的人，两者的差别就如同拥地耕种的人与拥地而任其荒芜的人一般。

从幻相与迷惑中解脱

如同佛陀在《金刚经》（梵 *Vajracchedika Prajnaparamita Sutra*）中所说：

> 一切有为法
> 如梦幻泡影
> 如露亦如电

应作如是观[1]

从佛教的观点来看，我们生命中的每个面向、每个刹那都是如幻的。根据佛陀所说，它就有如你看见虚空中有个黑点，但不清楚它是什么，在用力注视之后，终于看出那是一群飞鸟。它也像空谷中清楚的回音，其声音就如同有人真的在对你呼喊一般。生命只不过是感官幻相的相续之流而已，从显而易见的名声与权力，到比较不易分辨的死亡、流鼻血或头痛等，都是如此。可悲的是，大多数的人都相信他们的眼睛所见，因此佛陀所揭示有关“生命的如幻本质”的真谛，让大多数的人都难以“下咽”。

当了知我们所见到、所经验的一切都是幻相后，会发生什么事？当除去那些幻相之后，留下来的又是什么？从幻相中解脱，就是将虚妄的显相（perception）[2]所带来的一切限制完全去除，从而全然转化我们的态度。因此，“解脱”意指从误认幻相为真实的迷惑中解放出来。然而，重要的是，我们必须“想要”解脱，必须“想要”获得证悟。只有在培养出对证悟真诚的渴望后，我们才会自动地在世俗层面上学习如何“不想要”具有野心。这种渴望不易生起，但是如果缺乏它，毫无目标地踏上心灵之道是绝无意义的。

世界上有上百万的人，对某种形式的禅坐、瑜伽或众多被广为宣传的

---

[1] 《大正藏》第八卷，p752c。——译注

[2] 显相是指根据个人不同的习性与精神修行的发展，在眼中显现之相。引用巴楚仁波切所说，有三种显相：（一）染污显相：六道众生由于误解而自其意识中生起的显相，又称为“情器的不净染污显相”。（二）缘起、幻化的显相：对于八种幻喻，行者不执其为真实，这是十地的诸菩萨在其座下时的显相。（三）真实、圆满、智慧的显相：当行者已证悟一切事物的本然状态时，外境与众生都显现为三身与智慧的示现。——译注

所谓“心灵”活动有兴趣。仔细检视人们参与这些修炼的原因，就会发现他们的目标并非为了从迷惑中解脱，而是迫切地想逃避忙碌且不快乐的生活，渴望健康、无压力且快乐的生活。然而，所有这一切都只是浪漫的幻相而已。

既然如此，那么这迷惑的根源在何处？主要是在我们的习气，以及与习气连带的行为。当然，没有任何精神正常的人会自愿活在幻相中。然而，我们是一种矛盾的生物，纵然已经确信自己应该弃绝一个建立于自我欺骗的生命，我们却仍然紧紧抓住造成无尽迷惑的习气。难怪往昔的大师们会说，虽然每个人都渴望免于痛苦，但大部分的人都不愿意放下；虽然没有任何人想要痛苦，但我们却发现自己无法不被轮回所吸引。

持续的存在

过去、现在、未来三世是连续现象的显现，只有能接受这种看法的人，心灵之道对他们才有重要性。无法相信这个真理的人，追寻心灵之道是毫无意义的。

佛经上将“转世”比喻成师生之间的关系。一位音乐老师教导学生如何歌唱，学生从直接的指导经验中受益而学会歌唱的技巧，但老师并未从自己的喉间抓出一首歌来塞入学生的口中。“转世”与此类似，它是我们所学一切的延续，就如同以一支蜡烛点亮另一支蜡烛，或一张脸庞与其镜中的反射一般。

如果没有持续的存在，或换句话说，如果我们其实都只活一次，没有“转世”这种事的话；或如果像许多“新时代”心灵修持者所说的，无论你是山中隐士、布朗克斯区（Bronx）的浪人或野心勃勃的纽约银行家，当你死亡时都与天地元素融合归一的话，那么，修持佛法或任何其他心灵之道有何意义可言？为何要花上许多小时坐在蒲团上？为何要限制自己不去尽情享受一切世间美妙的事物？为何要舍弃一切可得之物？

我们修持佛法，是为了切断生命轮回的无尽轮转。如果在死亡的当下，它自动就被切断了，那我们何须追随心灵之道？我们大做文章地说释迦牟尼佛在菩提树下成为“证悟者”，正是因为他终能切断生与死持续的幻相。如果这在死亡时会自然发生，如果在医生关闭维生系统时，轮转的存在就自动断除，那么，为何我们不在此刻就自己结束生命？然而，在西方有许多自称学者、导师及号称追寻证悟的人，就持有这种看法。如果他们真正依循自己的理论去做逻辑结论，他们应该现在就举枪自尽！

除此之外，“业”与“转世”几乎是同义词，而且两者都不易理解。要确实了解其意，我们先要理解佛教“空性”的观念，至少在智识层次上理解。

佛性：培养“最糟的染污也能洗净”的信心

踏上心灵之道的我们，应该把自己顽固的烦恼看成有如昨晚未洗的肮脏碗盘。一开始，这一大堆碗盘看似真实而令人感到恐惧，当你想到这么巨大的工作量，加上自知无力处理它时，就会很容易掉入极度无望的心情。然而，无论这些剩菜残肴看似如何紧紧地黏附于碗盘、刀叉上，你一定要记得，只要用点热肥皂水就能洗掉它，碗盘、刀叉也会再度洁净如新。因此，与其让外相征服自己，你应记得染污是可以被移除的，这会让自己具有信心，而且追随法道的整个过程也会变得几乎是愉悦的。

嗔恨、嫉妒、憍慢等感受来来去去，虽然我们所有的情绪状态，甚至所经历的生命都是如幻而短暂的，但是我们仍误以为它们是恒常而无止尽的。很讽刺的是，我们不仅看不透这些迷惑，也看不见唯一恒常持续、永不过时的元素——佛性。虽然它与自己是如此地贴近，甚至可能就在鼻尖之前，我们就是注意不到它，反而执著于所有不真实存在的事物，例如创造出“我”这个幻相的诸蕴，还把“苦”与“苦因”误认为快乐。我们擅长建构将自己束缚于轮回的罗网，却无力拆解它——即使我们想要，也没有能力办到，更何况我们其实并不想要这么做。

例如，我们求学、获取资格而找到工作，不仅为了糊口，也为了强化自我存在的稳固信念。我们与友人交往，并非因为性喜群聚，而是为了一旦感到不安或寂寞时，有人可以保护或安慰自己。我们订婚，使得彼此的关系比光是约会更加坚实；继而结婚，则是期望两人的关系因此更加有保障；更理想的是再生个孩子，因为孩子终于会让人感觉家庭能恒久维持。广义而言，我们提倡民主的概念以作为达到自由的方式。然而事实上，这只是另外一个锁链——我们投票选上大位的人，以我们之名做出灾难性的决策因而桎梏我们，不仅毁损自己的国家，还造成世界其他国家经济与环境的大灾难。这些，就是我们将自己捆绑于轮回的方式。

正念

问题：散乱

大多数的人都知道嗔恨是一个问题，懦慢、嫉妒也是如此，但事实是，所有的情绪都以某种方式造成问题，并且各个都具有不同的特性，例如贪爱就与嗔恨截然不同。然而，所有的情绪基本上都从同一个根源——散乱

（distraction）——生起。什么是“散乱”？它显然不只是打扰静坐的恼人电锯声或喧闹的印度歌舞乐曲而已，在较深的层次上，由于期望受到赞美或害怕遭到责怪等的影响而生起的任何情绪反应，或它们更微细的形式，例如精神恍惚、分心、发呆、易怒等，就是“散乱”。

解决方式：正念

既然我们的根本问题是“散乱”，那么解决方式就是保持正念（mindfulness）。培养正念的方法有无数种，但归纳起来都离不开“止”*（梵 shamatha）与“观”*（梵 vipashyana）这两类修持。修持“止”，重点是在让心柔顺，但仅有柔顺的心并无法根除轮回。所以，我们需要见到实相，这便是修持“观”会如此重要的原因。

遗憾的是，要保持正念很困难。主要是由于我们缺乏培养正念的热诚，而且渴望散乱的习气既深固又顽强。因此，对佛法修持者而言，培养出离心与认知轮回的过患是非常重要的。这两者也是佛教“修心”法的核心。

往昔的大师劝诫我们应该不断提醒自己下列三点：死亡迫在眉睫；我们的世俗活动是徒劳无用的；以及最坏的消息是，轮回之苦永无止境。你只要环顾四周，就可以看到这个世界不停制造出愈来愈多相同的东西，而其结果就是无止尽的辛劳与无可忍受的痛苦。难怪伟大的上师们都指出，能在饮一杯茶的时光中保持正念所积聚的福德，比多年修持布施、持戒与苦行的福德还多。

持戒、禅定与智慧

蒋贡·康楚·罗卓·泰耶曾写过，他祈愿能独自成就菩萨广大无边的事业，而无须与阿谀奉承的仆役打交道，或去降服敌人，或去忍受友人众多的负担。他祈愿：“愿我能长时独处而调伏自心。”

康楚仁波切在此所说的“调伏自心”，是属于释迦牟尼佛的教法中，有关戒律、定于一境与智慧的“三增上学”*（Superior Threefold Training），这也是保护我们不受魔罗五毒箭攻击的绝佳方式。经典告诉我们，魔罗（佛教的“魔鬼”）是一个诡计多端的角色，而且是个神射手。为了避免成为魔罗五种毒箭的标的，我们需要极大的努力，因为他的每一支箭都对准了我们最脆弱的要害。

- 第一支箭瞄准“憍慢”的人，他们对于自己的成就或物质与精神财富感到非常骄傲。
- 第二支箭瞄准“愚痴”的人，因为他们对何种行为与态度需要舍弃或需要培养，毫无任何概念。
- 第三支箭针对具有“邪见”的人，例如不相信因、缘、果的人。
- 第四支箭针对那些由于失念（forgetfulness）而持续散乱，以致无法保持正念的人。
- 第五支箭是刺中那些因“世间八法”而散乱的人。

作为一个修行者，最好是别张扬或暴露自己的弱点，以免它们成为魔罗的标的。因此，必须学习自我保护，我们可以将下列几项作为盔甲，巧妙地自我掩护：

（一）以“持戒”来抵制情绪或令其动摇。

（二）以“禅定”来调伏情绪，让它们不会一被搅动就跳出来而无法控制。

（三）以“智慧”来根除所有的情绪。

以持戒自修，能净化恶行与错误的念头；以禅定自修，能稳定正确的见地、发心与行为；以智慧自修，能让我们解脱无明之根。

如果能检视某人在一天中内心生起的所有不同情绪的话，我们或许就稍能了知，有情众生可能感受的情绪之数量与种类多到无法想象。佛陀对这每种情绪都一一提供了对治或修持的法门。对于想要逃离痛苦的人，佛陀教导声闻乘教法；对于渴望逃离轮回生命的各种极端、对涅槃没有兴趣、反而珍惜帮助一切有情众生获得真正快乐的大愿者，佛陀教导菩萨乘（梵 bodhisattvayana）教法。这两乘都是完整的法道，能究竟引导修行者自迷惑中解脱出来。

第二章 因乘与果乘

无论佛陀在何时、何处教导佛法，他的听众总是由各种各样的人所组成。由于每个人的根器、喜好与个性不同，导致他们听闻佛陀教法时的领悟也各有不同。因此，虽然佛陀本人未曾创设目前存在于佛法中的各种学派与传承，但随着时间的演变，教法就发展出了许多不同的“乘”*(vehicle)。于是，过去的学者们为了简化，就开始将这些“乘”分门别类，而其中一种分法，即是将佛陀的教法分为“因乘”与“果乘”两种。

因乘

我们理解佛陀教法的程度，完全依赖自己的态度与能力；而对大多数的人而言，所谓修持的“果”这个概念是难以理解的。因此，为了鼓励我们，以及鼓励所有对心灵修持结果只能模糊吸收的智识印象者，佛陀教导了以“因”为取向的法道。这种以“因”为取向的法道包含声闻乘、缘觉乘（梵

pratyekabuddhayana）与菩萨乘，这些法道诊断我们的症状，并对我们应该采取的适当疗法给出建议。

根据声闻乘与缘觉乘的教法，“苦谛”指出这世俗、轮回的世界是不净的，因此，从逻辑上而言，心灵追寻者应当要尝试脱离它。除此之外，菩萨乘教导我们，轮回在相对（世俗）的层次上是不圆满的，但也同时指出，在究竟（胜义）的层次上它的本质是空性。因此，与其尽全力来逃避轮回，菩萨应专注于愿菩提心等的修持，并且掌握住每个能帮助有情众生的机会，即使必须跳入轮回的深渊也义无反顾，就如天鹅潜入莲池深处的泥淖中一般。

果乘

另外，有些人能接受不可思议的想法，也能相信无法想象的实相。他们勇敢、胆大，而且对自己跳出框架的思想与行为一点也不难为情。对他们而言，果乘比较适当，因为它包括类似早餐过后清洗碗盘的这种“以果为取向”的修持。

如我们先前谈过的，当你每天清洗碗盘时，无论沾黏在上面的残余麦片是多么的又干又硬，但在吃早餐之前碗盘是洁净的这个事实，一定代表在吃过早餐之后，它有可能会再度洁净。所以你相信那脏污是暂时的，而且当它再被清洗之后，一个本自洁净的碗盘就会显现出来。因此，清洗碗盘被形容为一个以“果”为取向的行为。

那么，“相信无法想象的实相”又是什么意思呢？在《赫鲁卡重要续》（*Heruka Galpo Tantra*）中，对此做了非常精要的结论：因乘的说法，是针对有情众生具有成佛的“潜能”，而在果乘中，众生已经“是”佛了。然而，假设有人坚决说不只你是佛，而且其他任何一个有情众生都是佛，你会相信他吗？如果你认为自己会相信，那么你该知道，你的看法若不是太天真且倾向新时代派，充其量只是确信对方有极度的清净显相（pure perception）而已。然而，以后者来作为你“相信”的理由，是有点薄弱的。事实上，要对“我们都是佛”培养出真正的理解，唯一的方法即是追随金刚乘法道。

“道”即是目标

在理论上，从一开始，果乘的修行者就会运用（或至少想象自己在运用）“因”与“果”合而为一的方法。在此，“想象”是指虽然你似乎在从事证悟的“因”，但是你已经看见其“果”——证悟本身。以煮蛋为例，一颗寻常的蛋看似一颗蛋，而不像煎蛋卷（omellete），但是如果你打算做个煎蛋卷，在你心中就先有个形象了。所以，即使还未煎过的蛋看来一点都不像煎蛋卷，但是由于你已经观想好蛋煎成之后的样子，其结果就会是个煎蛋卷。这就是“以果为道”的例子，而且是迫使“因”更快成熟的方式。

另外还有一些例子。例如，液态的牛奶虽然看起来一点都不像一块固态的黄油，一旦经由简单、动态的搅动而转化，虽然形态改变了，但它还是牛奶。水与冰也与此类似，两者看似完全不同，然而本质上都还是水。

这个方法的无数利益之一，是它让弟子们在修持时受到激励，而且让他们建立“道即是目标”的信心与理解。

捆绑轮回众生的事物，也能解脱众生

密续法本告诉我们，妄念只能由妄念所征服，而生死轮转也只能被生死轮转所解构。伟大的萨拉哈 *（梵 Saraha）也指出，捆绑愚者的事物正能令智者解脱。对此真谛，若是追随佛法者因缺乏胆识与开放的心胸而无法掌握的话，他们修行的道途就会既长远又崎岖，可用的方法将会极为有限，而且修道的过程也会既艰难又痛苦。

然而同时，你也不要欺骗自己，认为自己拥有上乘的根器与能力，只要运用金刚乘殊胜的法门就已足够。从一开始，往昔伟大的上师们就一再提出警告，虽然我们应该以修持果乘作为目标，但绝对不应以为自己高于因乘的声闻乘与菩萨乘。我们应该外修声闻乘，内修菩萨乘，密修金刚乘。

以如此的方式修行，会带来极大的利益。例如，有人看见你修持声闻乘，可能会受到启发而开始修持，并且激励他们将出离、谦卑与简朴当作功课。藉由修持菩萨乘，你会强化内在的勇气与悲心，也可以免于自我膨胀的副作用。藉由持守自己金刚乘修行的秘密，你可以让他人不至于任意评断或中伤其法门，并避免任何因此而产生的各种常令密续名声蒙尘的负面后果。

有些人本身尚未具足修持密乘（梵 tantrayana）的能力，却又为了引人注目，到处张扬自己是密乘修行者。这种人不仅自我摧毁心灵之道，更封闭了启发他人之门。虽然人们可以试图将毒药观想为良药而服用，但那些缺乏孔雀化毒为药能力的人，如果这么做，就必定会死亡。毕竟，释迦牟尼佛不以备有华丽宫殿、环绕众眷、庄严缨络之报身相示现，而选择以穿着袈裟、赤足而行的安详外相出现在这世上，必定有很好的理由。

利用此身作为法道

声闻乘修行者的法道是戒律之道，他们以不同的修持来持守身体的戒律，包括禁止邪淫、剃除须发，禅修时端身正坐、以鼻呼吸，并以专注于气息进出来控制呼吸等。

菩萨道的追随者也利用身体来修习戒律，除此之外，他们还以身体来从事大悲的事业。对菩萨而言，身体是很有用的配备，至少在目前是如此，虽然他们并不像金刚乘一般，把身体的形色、元素、功能、需求等看成是修持上不可或缺的工具。事实上，菩萨乘常常认为身体是个负担。如同寂天所说：

> 若仆不堪使，主不与衣食；
> 养身而它去，为何善养护？[1]
>
> （如果仆人已经不再听受使唤，主人也就不必供给他衣食了；倘若喂饱此身而它却将离你远去，你又何必把肌肉养得如此肥壮呢？）
>
> 既酬彼薪资，当令办吾利；
> 无益则于彼，一切不应与。[2]
>
> （既然已经喂养了我的仆人——身体，现在就要它来帮我做事；如果它不能利益我和其他众生，那么我就不再给它任何东西。）
>
> 念身如舟楫，唯充去来依；
> 为办有情利，修成如意身。[3]

[1] 《入菩萨行》，第五品《护正知》，第六十八颂。引自《入菩萨行译注》，p77。（译按：本书所引《入菩萨行》偈颂与白话语译皆出自释如石所作《入菩萨行译注》，台湾：谛听文化，1998 年。）

[2] 同上，第六十九颂。（同上，p77）

[3] 同上，第七十颂。（同上，p77）

（应该把身体看成一艘渡越苦海的船筏，它只是我来去修善的工具罢了；然而，为了实现有情的利益，我仍应加以维护，以便利用它来修炼成如意的清净佛身。）

金刚乘修行者对身体的态度，与声闻乘、菩萨乘相当不同，后两乘视身体为舍弃不掉的东西，而金刚乘却视它为我们最便给的助缘。

由于菩萨乘的智慧与方便，因此在身体的使用上，比起声闻乘所提供的方法，用途来得更大。有许多殊胜的故事描述了菩萨如何为了帮助他人而无私供养自己的身体，例如有位比丘为了成全疯狂爱着他的女子而舍戒，又如佛陀在他即将成佛之前的某一世，自愿舍身喂食饥饿的母虎与幼虎等。

金刚乘修行者不只以此色身来服务他人，也在禅定修持中以它来扮演重要的角色。例如，为了强化修持，行者做各种手印、舞蹈，以及从事一般的饮食活动。从一开始，金刚乘的弟子就被教导如何理解身体的组成元素与能量即是“智”*（梵 jnana）与“身”*（梵 kaya，即指“本尊”）；他们也被教导“身”与“心”的界线若非不存在，也是极为微小的。因此，在调伏这看不见、抓不着、碰不到又抽象的心时，我们利用这个机会也去操控身体，这是很有道理的。而且，这样做也会非常有效，例如倘若你从来不曾头痛，但想知道那是什么感觉，那么你可以去想象，或者也可以拿块砖头往头上砸。第一种方法可能会花费一点时间才能熟练，而且不能保证你所想象的头痛与真实状况有多相似，但第二种方式无疑地会让你有即刻且绝对真实的头痛经验。

为了确保所有潜在的弟子都能找到适合各自根器的教法，佛陀教导了这些不同的法道；然而，没有任何一个法道比另一个更珍贵或更高深。大乘或金刚乘的弟子们常会轻视声闻乘的传统，这是一种令人唾弃的观点，这种观点等于是贬低佛陀亲口的言教，视其比其他乘还低下。这些教法都是佛陀亲口之言，怎么会有一个比另一个“高”或“低”呢？这是不可能的！而且作为佛弟子，无论我们目前所追随的是何种传承，都应该发愿将佛陀所有的教法付诸修持。

有个传统的例子是，有人患了黄疸病，由于疾病之故，他看到的白海螺是黄色的。有一种见解主张此人应该看见白海螺才对，所以应该给他吃药，以确保他能看到正确的颜色。在此，这个药方就是以缘觉乘、声闻乘或菩萨乘所提供的善巧方便之形式出现。

金刚乘则针对那些具有较大理解能力的人，提供一种截然不同的见解。这种见解认为，这个病人所感知的海螺颜色无关紧要，重要的是，从一开始就将海螺是白色的事实引介给他，此后即使他持续地看到黄海螺，他也会记得海螺本来是白色的。在这个情况下，因为弟子们一开始就被告知病愈的结果是会看到白海螺而非黄海螺，因此金刚乘被称为“果乘”。这种方式，让许多弟子们在修持之道上感到信心强大和自在。

然而，多生以来，我们不断地强化海螺是黄色的信念，因此很难接受这同一个海螺事实上是白色的。当我看着自己的手，看见弯曲的骨节、长短不一的手指、磨损的指甲，我知道所见的这一切就是自己无明的结果，也是执著于“我”这个概念的结果——基本上，我是“无明”的。如果我不是“无明”的，那么我的手看起来会是完美的。但是，“完美”的手又是什么呢？如果我们有可能描述、思维、想象一双完美的手，那么很明显的，它就不完美。也因为如此，这整个过程最难的部分就是要说服自己：所有的人本来就是圆满的佛。

我们总是相信自己所见的一切，而我们所见的总是被一己的显相所过滤。举例而言，有个极度偏执的人，妄想并坚信有鬼魂房客住在他的橱柜里。如果我们告诉他鬼魂只是他造作的想象，这完全帮不了他，因为他相当确信鬼魂存在。一个比较不费时且更有效的办法，是善巧地同意他的看法，同意他的偏执幻觉是真实的，然后提供一个办法来驱逐幻觉，譬如打电话给驱魔者（Ghostbusters）来驱鬼！

此外，有些人可能有能力视事物如彩虹，既生动又鲜明清晰，然而他们觉知其实并无任何东西存在于该处。对于这些人，金刚乘会告诉他们：对治之法并非与问题正好相反，而是与问题本身完全相同。这与我们一般的想法相反，如果问题是黑的，我们通常会期待它的对治法就是白的；或者，如果问题是笔迹，对治法一定是块橡皮擦。然而，最强而有力的对治法，常常与它要解决的问题看起来完全相同。如同密续中所言，要把耳中的水去除，最好的办法是倒更多的水进去。

第三章 前行略说

“前行”：一个误称？

不幸的是，“前行”的词义会有些误导，而且常被错误地解读。修行者常会认为所谓“前行”，就意味着这些修习只不过是一系列需要尽快处理掉的障碍而已。如同学会了阅读就无须再想到字母一般，他们认为一旦完成了前行的累积，就终于能沉浸到“真正”的修行里了，这是很遗憾的。对许多其他修行而言，前行虽然是必要的先修功课，但倘若我们低估它，就会错失它真正的意义与目的。

前行是一系列需要大量重复的修持，每项修持至少重复做十万遍已经成为惯例，而且对于各个修持应该如何进行、需要何种素材与法器、应该如何做供养等，都有许多非常特定的教导。累积修持的数量是重要且有效的方法，特别是对于像我这种既懒散又缺乏纪律的人而言，有个预设的目标能帮我克服怠惰，因而终能完成一些有价值的事——这正是设定这种目标的初衷。作为修行者，我们必须用尽各种可能的方法来尝试训练自己的纪律；而对于能够闭关修行的人，把一天分成三或四个时段来修持，也是很好的方法。

巴楚仁波切告诉我们，由于前行是所有金刚乘修持的基础，因此，它甚至比所谓的“正行”更为重要。如果前行只不过是通往更重要修持的一本护照，那么一旦完成了必要的累积，伟大的上师们就不会再去修它了，但他们还是继续这么做。在怙主顶果·钦哲仁波切的晚年，当我跟他在一起时，我亲眼看见他还是规律地修持《龙钦心髓前行》。由此可见，这是多么重要的修持。

“金刚萨埵”（Vajrasattva）、“供养曼达”（mandala offering）与“上师瑜伽”都是金刚乘的修持法，而“皈依”与“生起菩提心”则通常被归为声闻乘与菩萨乘的修持。在这些修持中，你认为哪一项是不必要的？你会略去哪一项？答案当然是“没有”。每项修持都同等重要，因为前行集结了诸乘的精华，囊括了修行者所有需要的修持，以及心灵之道上所需要的一切。

前行的结构

“皈依”是前行的第一步，而其目的是把我们从错误之道转至正确之道上。一旦安全立足于正确之道，我们再以“生起菩提心”——整个菩萨道的体现——把自己从小道引导至大道上。接着，在佛法的甘露 *（梵 amrita）倾注于我们身、语、意的容器之前，必须先将它清洁与净化，因此我们修持观想上师为金刚萨埵。然后，为了增强对修持的领悟力与持续力，特别是要去完成它，我们必须积聚无量的福德，因此要“供养曼达”。最后，是修持“上师瑜伽”。唯一能够迅速成就解脱的方式，就是证得心性，而这种领悟只能由心本身来证得。由于我们现在的心僵硬、散乱又迷惑，需要加以训练；但是追随比较一般的方法，会花费长达数劫的时间，而且光是生起必要的热情来踏上这么长远的路途，就需要极大的努力。因此，对于那些急着想要在此生证得心性的人而言，唯一真正有效而可行的方法，就是接受上师的加持。也因此，我们要修持一切道中最深奥的“上师瑜伽”。

开始修持前的几句建言

要有耐心：你会犯错

我经常告诉修行者，特别是初学者，没有任何人能够先完全正确地学会了修持前行所该知道的每件事之后，才开始修行。若要完全地知道每件事，包括如何正确修持所有的仪轨，那只有在圆满修持并获得成就时才有可能。因此，无可避免的，你必定会经常犯下大小不等的错误；然而，正是经由这些错误，你才能学会。没有任何学习语言的学生会想要一次就把新的词汇与文法全都学会，然后立刻说得毫无瑕疵。我们都是边说边学，会用错语词、结结巴巴、拼拼凑凑地说，但是到最后，一切都通了，突然之间我们发现自己说得很流利。佛法修持也不离这种模式，而大部分我们所学到的，都是经由修持时所犯的错误而得来的。

大家要知道，从你开始修行一直到初尝真正佛法滋味的成就之间，需要有长期而密集的努力。但是，一旦体验到第一次的法味之后，无论你身处世界上的任何角落、任何情况或伴随着各种可能的人，你都能修行。你不但能自我放松，而且也不再会评判别人未“正确”地修行了。

提问

现代的修行者总觉得需要一遍又一遍地询问最细节的问题，但这真的没有必要，特别是因为绝大多数修行者所想出来的所谓“问题”，几乎都不是问题。对于这种问题，有些比较没有勇气的上师会有必须回应的压力，因而努力地给出听起来令人印象深刻的回应。弟子们会忠实地写下他们所说的每句话，然后第二天带着几乎与老问题相同的新问题回来。

我们接受教法的主要理由，是先加以思维，然后用它来修持。诸如“何时该吃饭”、“早上修持还是晚上修持比较好”的这类问题，无须在每次开始新的修持时都提出来。然而，在这年头，问太多的问题已经成为另一种相当微细形式的怠惰。这就有如你要别人帮自己做完所有的一切——修行、回答所有问题、做好一切必要的安排、搞定所有的麻烦，而你只需要去体验证悟就好。

对于想要以“前行”做闭关的人，有关前行中各部分的指导，都与它作为日常修持是相同的。因此，这些纸张上所说的讯息就已足够了。

修行的时间与场所

修行的场所在哪里都无妨，所以试着不要过分挑剔。否则，你会为了安排正确的修行条件，而把所有的时间与精力都花在细枝末节上，却没有时间修持。

龙钦巴 *（Longchenpa）曾说，在山顶上，我们的心自然而然会较为清晰，因此较容易平息心理上的昏沉。所以，如果你有机会在山上修行，而且接受过观想、“止观”的教授，那么就应该做这些修持。他还说，在岩石崎岖的地方思维无常是有益的，因为它能帮助我们在心中生起对“轮回是苦”的悲伤感。因此，岩洞是修持“止”、“观”的好地方。安坐在流水边上，能够对激发出离心与厌离轮回的修持培养出迫切感；在墓地修行，则会非常迅速地获得许多加持与大成就。

因此，如果你很容易就能在岩洞、河边或墓地修行的话，那一定要遵从龙钦巴的建议，但若无法做到，也不必花费太多时间去尝试。佛法修持最重要的先决条件是全然的孤立，因为当我们独处时，受到散乱的影响就会较少，因而能创造出完美的条件，让悲伤感在心中增长。“悲伤”是一片沃土，对于那些知道如何善用它的人，无须费力就能从其中涌现各种善念。吉美·林巴形容“悲伤”是最无价的圣财，而且在佛经中，佛陀也赞叹“悲伤”是引导一切善德接踵而来的开拓者。

随着悲伤，我们自然会生起信心与虔敬心。培养出这两者之后，“止”与“观”的修持就无须太费力。修“止”能让心变得柔顺、可塑；有了一颗柔软的心，“观”就相对地容易达成。一如佛陀在教授戒律时对僧众所做的开示：戒律能帮助我们保持于“定”（梵 samadhi，三摩地），习惯于“定”能延长我们清明的时间，而清明与智慧两者无异。证得智慧，我们就不会再被贪、嗔、痴所困，而能如实地感知一切现象。

但在这年头，光是想找时间全然独处都极困难，特别是对那些有家室的人而言；也因此，要安排一个“理想的修行场所”更是无法想象的奢侈品。所以就单纯一点，让自己每天尽量有一两个小时完全独处。如同吉美·林巴所说，最大的福德就是能维持独处，而且除了修持佛法之外，什么也不做；供养整个世界与其中的一切，也积聚不了足够的福德来拥有独处修行的机会。他还说，只有在孤独中，我们才能看到轮回的过患与涅槃的利益。因此，我们要从心底祈祷，愿自己有一天能遇上如此的机会。

另外一个维持独处很好的理由是，要遇见没有偏见、能尊崇佛法而不心怀嫉妒的人，是非常稀有的。

如果我们还是很难创造独自生活的机会与助缘的话，至少试着让自己的心远离迷惑。如同康楚仁波切所说，在所有独处的经验中，将心与迷惑分离是最殊胜的闭关、最殊胜的孤独、最殊胜的僻静处所。因此，当你置身于人群，例如一场聚会或足球赛时，试着做做看，让自己有一小段时间不融入于身边正在发生的事情之中。

你应该感到挫折

修持佛法必定是一件令人感到挫折的事。修行者——特别是初学者——常常不了解挫折感其实是成功的路标。对自己缺乏专注力、虔敬心或感应而引起的恼怒与沮丧，可能正是促使你更努力来完全融入修持之所需。当然，另一方面，它也可能将你推到另一个方向，让你停止修持——这是你必须不计一切代价都要抵挡的诱惑。但是，一定要记住，你对心灵之道感到挫折，往往是正在成为真正佛法修行者的征兆。

好时光与坏时光

我们修行的状态，会因为自己是否在闭关或日修而有所改变。就如我们的身体构造完全受制于不断改变的宇宙构成元素，人类可说只不过是这些相互作用的副产品而已。因此之故，我们的色身与心永远都在改变。前一天，由于专注较容易、观想较清晰，我们对自己的禅修情况既振奋又鼓舞；而隔天，修持却变成麻木又令人挫折的灾难。但是，我们绝对不能让这些经验影响自己对修持的期待。

当修持进行得顺利时，不要过度兴奋，也别把这种专注与感应的强度当作日后修持的参照。策列·那措·让卓（Tsele Natsok Rangdrol）[1]说，佛法修行者不应像儿童在摆满玩具的游戏场般过度兴奋，以至于无法选定一种玩具，到最后什么都没玩到。而当你的修持进行得不顺利时，别让它破坏或侵蚀你修持的决心。吉美·林巴所给的建议是，在突然面临恶缘与障碍时，视它们全是上师与佛法慈悲的加持，以及修持的成果。

修持可能会扰动我们的生活，甚至会引来障碍，一如释迦牟尼佛在证悟之前引来魔罗的愤怒一般。因此，障难是你修持奏效的标志，你应该为此感到高兴。

在此，关键是要能持续而连贯。修行者经常遇到的状况是，在受到激励时过度修持，而当一场好梦都经历不到、无法专注或无法控制脾气时，就会深陷挫折。在一段“大口吞食”的修持之后，他们会停止好几个月；当他们终于又要修持时，才发觉一切又回到了原点。以这种速度修持，进展会非常缓慢。比较好的是乌龟的方法，每一步看起来都极为缓慢，但无论士气如何低落，你都持续遵循自己的修持进程，不中断也不减少。这是我们利用自己最大的敌人——习气——来对付它自己。习气就像会吸血的蚂蟥（水蛭）般紧紧地黏着我们，而且随着时间流逝，习气会变得愈来愈僵硬而顽固；即使我们设法掸掉它，也会发痒，留下它存在过的痕迹。然而，藉由建立有规律的佛法修持习惯，我们将坏习惯转为修持的好习惯，用自己的敌人来对付它自己。就如寂天所指出的，一旦你习惯于它，

---

[1] 策列·那措·让卓（Tsele Natsok Rangdrol，1608~ ），为噶举派与宁玛派的重要上师。著作包括：《正念之镜》（*Mirror of Mindfulness*）、《大手印之灯》（*Lamp of Mahamudra*）、《太阳的循环》（*Cycle of the Sun*）等。——译注

就没有什么是困难的了。[1]

修行的助缘

如果你有居所，安排一个佛堂会是个好主意。布置可以很简单，但记得要有一尊释迦牟尼佛像。如同龙树在《亲友书》中所提到的，即便是如来的木雕像也应被视为是如来本人。龙钦巴也持相同的看法，他说所有佛陀的造像，都应视为佛陀的化现，一个塑像被雕成佛陀形相的这个事实，就代表它自动被佛陀加持了，因此是珍贵的，不应该把它看成只是个无生命之物。但是，金刚乘的弟子经常将佛堂布满金刚乘本尊的图像，却完全忽略了佛陀，让人很难判断他们是否真的是佛教徒。当你修持前行时，准备一幅唐卡、图画或白描，描绘着你所修持的皈依境，对你的修持会有所帮助。并请切记，佛堂的目的是作为你修持的助缘，令你忆念佛、法、僧，也提醒你的正念之用。

佛堂应该要干净且具启发性，不要像个壁炉架，上面堆满了不知道要摆在何处的东西。上师们的照片能令人生起欢喜，但记住，别把它们当成奖牌或证书，来炫耀自己与上师的关系。

佛陀曾亲口说过，未来他会以文字的形式出现，因此，在碰触神圣法本之前都应洗手。我们也应对佛陀的造像表达最大的敬意，无论它们在哪里——或远或近，或高或低。另外一个很好的方法是，训练自己有意识地不要跨过圣物，例如法本或僧袍。这是千年前印度音乐家所建立的习惯，他们视尊重并礼敬乐器为理所当然，而且绝对不会从上面跨过。

---

[1] 《入菩萨行》，第六品《安忍》，第十四颂："久习不成易，此事定非有；渐习小害故，大难亦能忍。"（《入菩萨行译注》，p94）——译注

现今，法本经常影印得相当粗劣。然而，在那些脏污粗劣纸张上的文字，却具有强大的力量将我们从幻相中解脱出来；而不跨越或踩踏法本的用心，本身就能积聚大量的福德。如果你这么做，下次研读法本时，就会发现自己更能清晰地理解佛陀的话语。所以，当你将行持的福德回向给所有众生的证悟时，记得要加上这一句："愿所有的佛法修行者不要踩踏他们的法本。"这可能需要一些新的训练，但它是个应该培养的好习惯。

第四章 你的心灵热身

你也许会难以接受，但是现在、此刻，就是你开始修行的完美时机，无论你有多少或好或坏的理由来试图拖延。也许你会想要等到工作不那么忙碌，或赢得彩券，或从伴侣离开的打击中恢复后再开始。但问题是，生活从不会免于干扰，要等事情都安顿下来才开始，那只能确定你永远不会迈出第一步。所以，无论生活多么动荡，今天、此刻、当下，就是你开始修行的最好时机。以下是一些帮助你进行下去的建议与秘诀。

修行者的四种态度

我强烈地推荐大家培养这四种态度，即使只是在发愿的层次上。因为这四种态度能帮助我们剪掉悬荡的线头，不让它们轻易地再缠绕到轮回复杂的罗网里。

如受伤之鹿般的态度

如同一头受伤的鹿寻找僻静处疗伤一般，找个离群之处，让自己有时间与空间去修持。

如狮子般的态度

如狮子般勇猛，完全不理会任何困境或噩耗，因为它们只会让你分心，或将你吞噬，以至于在未来导致更严重的问题。

如风般的态度

风对自己吹向何处是不加分别的。相同的，不要试图招引顺境，或避开逆境。

如疯子般的态度

如疯子一般，对任何“世间八法”不偏爱，也不憎恨。例如，不在意被赞美，也不在乎被批评。

萨迦派的札巴·坚赞（Drakpa Gyaltsen）[1]仁波切说，只要还执著于财物、房屋与家庭，我们就不会想要脱离轮回。因此，我们应该从布施与持戒开始修持。

一旦我们逃离了轮回的罗网，很重要的是别再掉落回去。然而，菩萨们经常会感到灰心，因为他们所面对的无数有情众生是如此令人精疲力竭，而且整个过程是如此令人气馁。为他人的利益而努力，会有如裸身孤单地

---

[1] 札巴·坚赞（Trakpa Gyaltsen, 1147~1216）：萨迦派五祖之一，人称“萨迦圣者”（Sakya Gongma）。——译注

游过汪洋无际的大海，只见海平线，令人感到泄气且极度沮丧。如果发生这种状况，菩萨会需要花更长的时间才能培养出虔敬心、出离心与正念等善德，这也是我们需要修持安忍与精进的原因。

最后，即使去除了所有的障碍，如果容许无明与散乱占据自己的心，我们仍然会毁坏一切。因此，我们要修持禅定与智慧。

三殊胜法

对于菩萨乘与金刚乘的修行者而言，“三殊胜法”（The Three Noble Principles）是不可或缺的。

生起菩提心

从前行到供养一支蜡烛，无论你是做何种佛法修持，永远要以利益一切有情众生的发心去做。在此，“利益”不仅意味着给予实质的帮助，例如提供食物或药品，或满足人们的情绪、自我与幻想，还包括发愿能对一切有情众生的证悟确实给予帮助。若是缺乏这种发愿，佛法的修持就很容易变成自私自利的行为。至关重要的是，我们要牢记自己是为了所有其他众生而修持，而这种广大的愿力，就是使得佛法修持既强有力又无穷尽，并能保证其结果会带来无量利益的原因。

运用“无二元分别”的觉知

在修持或实践佛法事业时，我们必须保持不间断的觉知，了知自己所做的一切都是幻相，或至少试着把这种想法带入心中。如果我们戳刺自己的身体，逻辑的心会告诉自己感到疼痛，这个疼痛会有很真实的感觉，因为认为现象是坚实且真实存在的想法，几乎是牢不可破地紧抓着我们。因此，我们必须试着去习惯于这样的想法——一切我们所见、所做、所想的，都是自心所造作出来的诠释，而这也是迈向“无二元分别的修持”之重要垫脚石。“习惯于”的意思就是一再地提醒自己，例如，做大礼拜而膝盖开始疼痛时，要提醒自己：“我在做大礼拜”的“我”以及“我的膝盖痛”的“我的”，都是心所创造的幻相。

我们一切的经历都是心所创造的，记住这一点，就能直接对治憍慢与我执。一旦它成为你的第二天性，你就不再会执著于自己的佛行。这并不意味着你不再修持，相反的，就如快要渴死的人无法克制地要大口喝水一般，一旦了知这一切都是幻相，你唯一所想的就都是与佛法有关的事。当然，佛法本身就可以对治我执，但对那些自认为是“好修行”者而憍慢的人而言，佛行很可能会变成另外一种膨胀我执的方式。因此，记住“我们经历的每件事绝对只是心的产物”这一点非常重要，即使每天只记得五分钟。

在此时，学生们经常会问的经典问题是：“如果我经历的一切都只是自心的产物，那么有‘积聚福德’这回事吗？”针对这个问题的答案是，福德的存在与否，只不过又是心所造作的另一个概念而已。

在一开始，你的每个行为就能具足菩提心的发心，并且记得“无二元分别”(non-duality)，这可能相当困难，而要你即刻就能每天观修空性一个小时，也不太可能。与其如此期望，不如试着去记住：你所见与所经历的一切，都只是自己显相的产物而已。无论你的佛行如何单纯，例如供养一朵花给上师，你都要记住，虽然你藉由供养而积聚了福德，但事实上，“积聚福德”的概念本身就是你自心所创造的。利用一切的机会去习惯这个念头——自己所感知的一切都是心所造作的，并无真实的“圣行”(holy activity）存在。

这些领悟对你的所作所为会有深远的影响，最重要的是，因为它们把你从诸如憍慢或嫉妒等烦恼的后果中解脱出来。因此，当上师把你供养的花扔在地上不屑一顾时，你会完全不在意。

回向

每次修持结束时，不仅为自己的安乐，也要为一切有情众生的利益与证悟，回向你所获得的任何福德。而且，你不必等到一座修持结束时才回向，任何时候都可以这么做。你可以试着在每次大礼拜后回向，这样可以保证不会浪费掉任何一个大礼拜的福德。你也可以将所有在过去生中忘记回向的福德拿来回向，例如这段祈请文：

> 我以刚才积聚的一切福德、
> 过去生中积聚而遗忘的一切福德，
> 以及未来世将积聚的一切福德，
> 回向一切有情众生之利益与证悟。

无论你是多有经验的佛法修行者，重要的是要记住，唯一能让你的一切行为——而不只是座上的修持——都能利益自己与他人的方法，就是运用这“三殊胜法”。

你应该对广大的发心具有野心，当需要完全开展的菩提心时，不要只对简单的仁慈感到满足。怙主敦珠（Dudjom）仁波切说，佛法修持真的不是那么困难，一切都取决于发心。因此，永远别忘记要生起带领一切有情众生直至圆满证悟的发心。即使只是点燃一支蜡烛，你的发心愈广大，你积聚的福德就愈多。

- 如果你点燃蜡烛只是为了装饰客厅，那么，你有的是一般人的发心。
- 如果你点燃蜡烛是祈愿积聚福德，而终能摧毁轮回，那么，你的态度就与声闻乘修行者相同。
- 如果你点燃蜡烛是祈愿将所获得的任何福德回向一切有情众生的证悟，那么，你的态度就与菩萨乘修行者相同。
- 将蜡烛视为智慧之光，照亮一切有情众生，而且光所到之处都成坛城，这是密乘修行者的态度。

但是，大多数的时间，我们似乎无法记住这些重要的指导，而当记得时，以它们来修持又经常变得不必要的复杂。在这年头，我常听许多修行者说他们想做长期闭关，或想对上师做大量供养，或想做其他大规模的举止，希望能一次就积聚大量的福德。然而实际上，他们却毫无时间与资源做任何事，而且讽刺的是，这种大动作其实毫无必要。为了积聚广大的福德珍宝，每个人只要以菩提心来确保自己的每个行动就已足够。因而，你供养一朵花给上师，并且想着“愿此供养在究竟上能利益一切有情众生”，你就会积聚无量的福德。因此，“回向”是积聚福德极其简单却强而有力的方法。遗憾的是，大多数的修行者似乎认为它太不重要因而不以为意，这显示出他们缺乏福德，以至于无法理解回向福德的甚深力量。

总之，这就是“三殊胜法”。如果你能记得在每天所有的行动上运用它们，你会迅速成为伟大的佛法修行者。

切断念头之链

让自己先切断念头之链才投入一座修行，是个好习惯。假如你要修持之前刚与未婚妻吵架，心里都是对刚才发生之事的念头与反应，你的专注力会消失殆尽。因此，与其立刻打开修行法本，不如先花点时间来切断念头之链。

有无数的方法可以用来切断念头之链。例如，先挺直后背、盘腿而坐(如果舒服的话)，或者你也可以选择坐在椅子上，然后开始修习。每次念头一出现，你就提醒自己：生为人身是如何的难得可贵、死亡的迫近与不可逆料、此生极度的痛苦、你的行为所避免不了的业果，或任何其他能让你培养对世间生活产生出离感的想法。一再地思维这些念头，即使你一天只修持十分钟，花上两到三分钟的时间来切断念头之链，你的心就会完全转变。

以持戒作为准备

龙树说戒律就如我们行走于上的大地，如果没有大地，就无法种植花草、蔬果，也无处可以放张桌子。同样的，戒律是一切善行的基础，即使泡一杯好的意式浓缩咖啡都需要相当程度的“戒律”。为了确实做好每一件事，我们首先需要以戒律来学习规矩与共通的做法。

忧郁症是现代人面临的最大挑战之一，它常是由缺乏戒律所带来的坏习惯而引起的。例如，迟迟不丢垃圾，或耽溺于怠惰懒散的感觉，或厌恶例行的工作。如果沮丧的人们能运用一点戒律在自己的生活上，我确定他们忧郁症的一大部分就会自动消失。例如，假设医生要你避免太多碳水化合物的饮食，因为它会引发忧郁症。过了两天，你和朋友们去一个很好的餐馆用餐，他们点了一些看起来很美味的意大利面。你自忖：“我不过刚刚开始节食，一盘意大利面能有什么害处呢？这将是我最后一顿，明天我再开始节食。”因此，你破坏了自己的“戒律”，很快就陷入“后意大利面忧郁症”中。这就是由于缺乏戒律而产生忧郁症的例子。

避免碳水化合物是一般而日常性的戒律，但有许多特别的戒律经常运用在心灵之道上，例如：禁欲、剃除须发，或从不剪发，或是每天早上六点起床，即使你不是早起型的人。有时你也可以将喜欢的活动视为戒律，例如每周三去公园散步。无论你做什么活动，如果能持守规律性的戒律，即使你被迫去做不喜欢的事，你的心（即习性的仓库）就能避免陷入忧郁。换句话说，戒律是确保你的心不被宠坏的一种方法。

由于避免例行的工作会导致忧郁症，缺乏纪律的童年生活也可能导致日后的许多问题。习惯于做任何事情都不会被否定的孩子，很可能会成为一个不快乐的成人，纯粹是因为当他无法如愿时，他从未学习过如何处理自己缺乏纪律之心所生起的嗔恨，以及随之而来的几乎无可抵挡的暴怒。

以“前行”的功课而言，做大礼拜就很需要持守戒律。你可能无法一天做五百遍，但每个人都有时间做三遍、五遍、七遍或十遍大礼拜。而且，如果你也持守计算数量的戒律，最终你必定会完成十万遍大礼拜，甚至五十万遍都有可能。但是，请诸位记住，佛法修持并非一场奔向圆满证悟终点的赛跑。

通常修行者很容易对自己积聚的大礼拜数量之多寡感到不安，但他们可能更应该对自己没有严格持守戒律感到惭愧才是。试着约束自己每天都修持，而不是偶尔为之；或让自己每天都修持半小时，而不是今天五分钟、隔天一小时；或试着每天修持时都打扮得漂漂亮亮，让它成为你一天中特殊而重要的事件，而非穿着睡衣勉强爬上蒲团，如鹦鹉学舌似地快速念过祈请文，好像被迫缴付某种灵修税金一般。

忆念上师是修持最好的准备

对金刚乘修行者而言，学习不断地忆念上师是极为重要的。不只是因为他作为心灵导师传授给你知识，更重要的是，因为忆念上师即是忆念佛。而且在究竟上，忆念上师与忆念你的心性全然无异。

念诵往昔大师所撰写的启发性祈请文，可以帮助我们忆念上师，例如蒋贡·康楚·罗卓·泰耶的《向上师哭喊》（*Crying to the Guru*），通常译为《遥呼上师》（*Calling the Guru from Afar*）。如果你不喜欢念诵祈请文，更自然的办法是当场自作祈请文。无须担心你写“诗”的技巧不足或口才不佳并因此而害羞，重点是确实地告诉你的上师，什么事情令你烦恼（在合情合理的范围内——请求他修理你的水管，会有点不太合适）。最好是以祈请文请求上师，愿你的佛法修持永远不会出岔，反而会完全成功，愿你不仅利益自己，也能利益一切有情众生。

现在有许多人很想修持佛法，渴望出离世间的生活，却被如山一般的障碍所围困。他们想要修持的愿望，很快就被怠惰习性所产生的世俗念头扼杀了。然而，为了实现愿望，他们唯一要做的就是忆念上师。你曾经抓不到睡裤系带的一端吗？“忆念上师”就像是设法抓住弄掉的那一端，使你能将它拉出来而系好睡裤。

开始修行前的三个窍诀教授

排出浊气

“排出浊气”是准备修持非常好的一个方法，这个修持最好是找个人亲自对你演示做法，但是如果无法找到，就试着依照下述非常简单的方法去做。

先花几分钟切断你的念头之链，然后重新坐好姿势，确定挺直背脊。正如佛陀所说，一切现象都是“缘起”*（dependent arising）的，这也包括了身与心。虽然“心”似乎不容易掌握，但“身”却是可以接触到的，藉由单纯地挺直背脊，“缘起”的力量会确保“气”与“脉”的运作正确，也让体悟更加成为可能（理想上，修行者应该以“毗卢遮那七支坐”*［seven-point posture of Vairochana］来修持）。

- 用两个鼻孔吸气，将你的肺完全充满。
- 弯曲左食指，压于左中指第一指节之上（此为半金刚手印之一半，相同的双手相合即为半金刚手印）。
- 用左手中指（如上）压住你的左鼻孔，从右鼻孔用力呼气，将肺里的气排空。
  ——呼气时，观想自己所有的嗔恨与挫折，以肮脏污秽的烟尘之形式从身体排出。
  ——吸气时，想象诸佛、菩萨的所有智慧与慈悲，以白色光的形式融入于自己。
- 松开你的左鼻孔。
- 弯曲右食指，压于右中指第一指节之上。
- 用右手中指（如上）压住你的右鼻孔，从左鼻孔用力呼气，将肺里的气排空。
  ——呼气时，观想自己所有的贪爱，以暗红色光的形式从身体排出。
  ——吸气时，想象诸佛、菩萨的所有智慧与慈悲，以白色光的形式融入于自己。

· 松开你的右鼻孔。

· 两个鼻孔都张开，同时从两个鼻孔吸气，再从两个鼻孔用力呼气。

——呼气时，观想自己所有的无明，以黑云的形式从身体排出。

——吸气时，想象诸佛、菩萨的所有智慧与慈悲，以白色光的形式融入于自己。

· 完成此修行后，恢复正常呼吸。

不要徘徊或执著于这些观想的细节，只要认为自己所观想的一切都真的发生即可。同时，别纠缠在观想的任何部分，然后开始问问题，例如："白光应该有多亮？"金刚乘的观想，其目的是要以殊胜的念头来占据我们的心，而非世俗的念头。如果你陷入太多的细节，那正是开门迎接障碍进入修持的行为，一如掉落于你寻常的惯性思考方式。你只需要单纯地跟随修持的每一步即可，做完一步之后，就迅速移往下一步。

话虽如此，如果你希望追随一个特定的传承，最好是向熟悉修持该传承的老师咨询较佳。

将你的环境转化为佛土

金刚乘是转化我们习性上的不净显相（impure perception）之道，使我们能感知每件事、每个人都是清净的。所以，无论你在哪里修持，例如在家中，或在德国、中国香港、澳洲，或在法国南部的禅修中心，都要说服自己正无疑地身处于圆满的净土中。

在此，"不净"与类似加德满都那种肮脏的街道或成堆的垃圾无关。当你卡在"天花板只能是天花板，地板只能是地板"、"一千个人不可能进得去扫帚柜里”的想法时，这种二元分别的显相就是“不净”的。换句话说，你所造作的二元分别，限制了一种现象的显现只在一个特定的目的上而已。对比之下，当你具有清净显相时，你不再将某个单一的显相执著为一个独有的现象，反而能连接上自己本具的能力，因而能看见并接受一千个人能轻易进入一个小扫帚柜中。当你还是以寻常感知世界的方式运作时，会坚持这么多人绝对不可能进入如此狭小的空间里，而一旦显相开始转变，你也同样会坚持他们绝对可以进入。

一旦你接受任何事都有可能，佛土就不再如宇宙飞船偶尔造访的那些遥远星球，也不是深植于大众心里面的那种陈腐感伤的天堂景象。但是，我们如何才能真心地接受任何事都有可能呢？答案是，藉由前行的修持。

如果莲师是你前行法本的主要本尊，那么就观想自己身处铜色山净土（Copper-Colored Mountain），这当然并不意味着你要想象天花板和墙面都是铜做的，而是要以“我所见的并非事物的真实面貌”的想法，来调整自己的世俗显相。告诉自己，周遭的一切“事物”既非受限于砖头、泥灰、高速公路与车流，也非一群神圣的天使。“事物”是无限的，而且每个物件，例如你桌上的那支笔，就包含了亿万个净土。这就是你开始调整心的方式，因而最终你能接受任何事都是可能的。

显相的“转变”是金刚乘修持的核心，但重要的是，不要误以为这是显相的灭尽。转变显相，是在心态上改变自己感知世界的方式，而且是应该每天都必经的过程。

营造启发性的氛围

如果可能的话，藉由打扫修持的场地、燃香、安置佛像与供养等，来营造一个具启发性的修持氛围。但是，纵然我们如前所述会受到环境左右，我们却要当心，别掉入陷阱，切勿花费更多的时间与精力去营造氛围，反而忘了修持。

遥呼上师

这项修持称为“遥呼上师”或“向上师哭喊”是很有意思的，因为它意指要向上师提醒我们的存在，以及要呼唤他来帮助我们，这两者都是必要的。佛法修持的核心是“正念”，如同我们一再被提醒的，修行者的主要任务是维持不散乱。因此，有了正念作为修持的核心，当我们忆念上师时，我们已经在呼唤他了，而且，也可以确定他已经听见了。从某方面说，忆念上师是最有效的一种正念，但是由于大多数的人都无法持续不断地忆念他，所以另一种说法是要“引请上师”，就是要我们自己的心去记得他。

我们念诵任何一种殊胜的“遥呼上师”祈请文，不仅能向上师哭喊请求帮助，还能提醒自己所有佛法修行者所共有的习性缺失。能够承认并理解自己的过失与缺点，是非常有价值的练习，虽然它现在似乎变得不太流行。一个真正的修行者对自己个性的反省，应该比现代社会上的一般人更具批判性。现代社会——特别是美国——所强调的重点是在建立自尊以及给予鼓励，而非批判性的分析。因此，以比较现代的眼光来看，强调批判性反省的这种修持，可能在表面上看起来像是外来文化的产品。但是，果真如此吗？难道在吉美·林巴的《引请上师》(*Invoking the Lama*，包含在《龙钦心髓前行》中）与蒋贡·康楚仁波切的《遥呼上师》中所发现的这种反省，都只是西藏文化影响佛法的产物而已吗？

对于这一点，我思考过很多，而且可以相当自信地说，并非如此，这种批判性的反省并非由某个特定文化所促成的。整个佛法的目的，是为了拆解我们为自己创造的那个称为“我执”的保护系统。佛法中的每一个字句、每一种方法，其背后的目的都是为了抵触、阻断并撕裂我执，直到完全自其中解脱的最终目的达成为止。传统上，在我执的茧上造成裂缝与凹陷，是预告了真正佛法修行者的诞生。

然而，我们大多数的人根本不是佛法修行者。我们也许是对佛法有兴趣或受其鼓舞的佛法学生，但是，要成为修行者是完全不同的事。佛法修行者不仅能看出“世间八法”毫无价值，而且能做出极为困难、但非不可能的勇猛努力来放弃它们。从另一个角度而言，佛法学生学习的目的反而被“世间八法”所捆绑——我们是因为自己具有野心，或想要增长知识，或想要赢得另一位天真幼稚的佛法学生之心，或想要成为某种形式的心灵导师，而学习佛法。

拥有充裕的时间或正在闭关的人，应该尽可能多念诵一些特别好的“遥呼上师”祈请文。在蒋贡·康楚的《遥呼上师》与吉美·林巴的《引请上师》祈请文中，我们呼唤自己的上师，并藉由提醒自己最隐密的缺失而把“我执”炸出破洞。我特别推荐康楚仁波切的祈请文，因为他祈请许多不同传承的上师，因此从“不分教派”（藏 ris med，音译为“利美”）的观点来看，更是特别殊胜。（宗派主义是心灵唯物主义中最邪恶的一种。）

四共加行

思维四共加行（四个共同的基础），又称“转心四思维”，是为佛法修持做准备的经典方法，这个方法至今都还管用，毫不过时。当然，最好是你能随时都在心中保持这些思维，否则的话，你可以试着在每天修持之前朗读它。

珍贵的人身

在此，我们为了有能力与机会在此生修持佛法，而生起感恩之心。对佛法修持而言，拥有人身是极为重要的。不像动物或那些住在歹徒与私人军队横行之地的人，阅读这本书的人大都享有基本的个人安全感。你的生命并非经常处于危险之中，清醒时并非都在绝望地寻觅食物或栖身之地；我们大多数的人甚至能钦羡宏大的事业与非凡的人物，偶尔还受到如密勒日巴这种伟大的历史人物的启发而感到敬畏与不可思议。最重要的是，我们可以发愿“愿一切有情众生都快乐”，而不认为这是在浪费时间。因此，在某种意义上，我们确实拥有一些特质，让自己有资格说是拥有珍贵的人身。

问题在于，我们未必善用自己的好运。例如，没有任何人能阻止我们和朋友在邻近的咖啡馆里悠闲地度过一小时，然而，只有极少数其他道的众生能享有这种奢侈来浪费时间。想象如果我们生在耶路撒冷或加沙走廊，永远活在被射杀或炸成碎片的威胁下，会是什么感觉。因此，当我们有机会享受闲暇时光与个人安全的奢侈时，我们真的应该珍惜并善用它。

生而为人是极其珍贵的，因为在相当程度上，人类有智能去理解痛苦的本质及其原因。相反的，地狱道众生只知道无情、难以想象的剧烈痛苦与煎熬，他们无止尽地因麻木而失去知觉。天道众生只知道不间断的快乐，并能拥有任何想要的东西，他们因而缺乏悲伤的体验，也缺乏探究自心的好奇心。在六道轮回中，人道既非太快乐，也未被痛苦所淹没，因此具有最好的能力来了解痛苦。

佛陀说，当人自由而富裕时，生命就变得“珍贵”。那么，是什么阻碍了我们自由呢？那就是“散乱”。如果心不散乱，我们会是自由的；如果具足正念，我们会是富有的。所以，不要误以为只因健康、受过教育且人际关系良好，人身就有“珍贵”的资格。只有在得遇佛法、迈向心灵修持之道时，人身才变得珍贵。

无常

当修行者愈来愈了解无常，他对个人的快乐、名声与舒适的关注就会愈来愈减少，而学习如何去了解无常的一大部分工作，就是培养我们急需修行的迫切感。我们每个人的时间都不多，今天可能是你生命的最后一天，今夜的晚餐可能是你的最后一餐，绝对没有任何保证可以确定每个人都会活到明天，更不用说“永远”了。

在这个既危险又不健康的世界上，现今五十岁的人能活到八十岁，应该算是相当不得了的成就。五十多岁的人生命已过了大半，而且当我们愈老，感觉时间似乎过得愈快，以为还剩下的三十年一眨眼就会烟消云散。首先，我们每晚大约睡八小时，这就占掉三十年中的十年。假设一天看一场电影，吃三顿饭，这又花掉四小时。我们还要闲聊，和朋友相处，查看球赛结果，做家务，付账单，与家人聚会，运动，所有这些可能一天要花掉两小时。当然，大多数的人一天必须要工作七至八小时。因此，如果我们这些五十多岁的人幸运的话，一天只剩下不到两小时，或大约总共两年半的时间可以“活着”。而且，这其中大部分时间都会被妄想、焦虑、自我怀疑所占据。所以，在此的底线是，几乎没有时间来修持了。

业

龙钦巴说，在究竟上，我们真实本性的太阳虽然持续地升起，但是它被我们善行的白云与恶行的乌云遮蔽了。一切断除恶业与积聚善业的努力，如同闪电般不停地闪烁明灭；随之而来的，就是一场兼具快乐与不快乐两者的迷惑之倾盆大雨。他告诉我们，这就是轮回的收成被持续巩固的方式。啊，多么可怜啊！

我们全都受到“因”、“缘”、“果”的法则影响，因此没有任何人能享有真正的独立自主。我们努力地积集“因”与“缘”，期待能带来成功或喜乐的“果”，却忘了那些“因”与“缘”正好跟抗生素的作用相似。吃抗生素时，一方面因为某种症状获得缓解，我们会感觉较好，但另一方面，由于抗生素会让身体的其他部分不舒服，我们反而感觉更糟。我们未曾意识到，这些为了追求独立、财富与成功所做的每件事，也都会是自己随后所将经历的一切之“因”，它会支配并控制自己之后的生活方向。因此，我们不能保证自己的计划必定会像最初期望的结果一样发生。

当我们以有限的显相经验到所谓的“顺境”时，例如，申请到首选的大学，或得到一份好工作，我们就会把好运归功于辛勤的努力上。而当不愉快的事突然把自己横扫到意料之外的路上时，我们又变得迷惑。我们忘记在积集成功因缘的过程中，同时也种下了许多产生逆境的因缘。我们的计划可能奏效一次、两次，甚或很多次，但是对于那些失控的因缘，我们却完全无法抵挡，只能受其操控，因此总有全然不奏效的时候。

讽刺的是，世间法的成功需要我们积集特定的因缘，例如良好的教育、诚实的商业伙伴、可靠的法律咨询等；但是在此过程中，让我们整合这些因缘的体系，也确定了由于我们易于受其控制，因而是脆弱的。这是我们所遗忘的，我们常自认为刀枪不入，但是除非这个虚妄的安全感被粉碎，否则要成为真正的心灵修持者是非常困难的。只有承认自己的脆弱，我们才能放下对“生活总会按照计划进行”这个虚妄假设的执著。

在究竟上，为了获得证悟，我们必须耗尽一切的“业”，无论是善业或恶业，而不只是尽可能地多收集善业与抛弃恶业而已。“业”在本质上是根基于因缘的，由于我们一切的行动都由“业”所决定，因此它只会与我们的独立自主直接抵触。所以，任何人都不可能真正地独立自主。

在每天修持之前先思维因果，其主要的目的不只是去理解“业”的复杂功能与系统，更是要提醒自己，我们对任何一切都完全无法控制。

这也把我们带到下一个主题——轮回的过患。

轮回的过患

有情众生如蚕一般制造了自己的牢笼，并死于其中。举例而言，我们可以思考一下自己如何处理“钱财”这个概念。从历史上来看，人类对这个特定抽象概念的发展极其勤奋，我们为了赚更多钱财而甘愿受苦的胃口，似乎是永远无法满足的。

强酸碰触肉体所产生的疼痛，是我们容易想象的一种粗重的痛苦，但还有许多不同种类的痛苦，除非我们亲身经历，否则就感受不到它们。要分辨并理解自己痛苦的“因”是最困难的，特别当它们是我们一直以为的“好”东西。例如，强劲的世界经济是我们最著名的金融专家们所鼓吹的好东西——这是真切的，在健康的经济环境中，好的产品人人可得。然而，对于那些活在繁荣经济另一面的人，生活很可能相当糟糕，更别说“美好”了。

我们经常听到“生命是美妙的”的论调，然而，果真如此吗？把大部分人们所过的生活视为“美妙”，充其量只是过于浪漫罢了。如果你如此认为，那么你必定还未理解第一圣谛——“了知苦”。事实上，生命是由大量和合的、恒时流转且一直改变的现象所组成的，因此它只会充满痛苦，因为和合的现象无可避免地会导致不确定性与衰败，并且拆解我们所珍视的一切。这有何“美妙”可言呢？

“不确定性”是轮回最残酷的过患之一。当现代人读到如《普贤上师言教》这类的书，其中描述地狱道与饿鬼道众生所经历的剧烈痛苦，我们鲜少把它们当真。由于怀疑主义的习性，我们指控巴楚仁波切用的是恐吓策略，就像其他宗教以地狱之火与下地狱惩罚的教法来恐吓追随者，让他们服从命令一般。我们不愿意相信有地狱，我们宁愿相信十八层地狱只是佛教徒的抽象概念，却不觉察地狱与所有其他恶道的痛苦，就在此处——我们人道——都可以看得到，而且经验得到。

撇开别的不谈，只要仔细地审视大多数人持续受折磨的贫困心态（我们对所有事物都想拥有更多，而无法拥有时就会紧张焦虑），就会知道它占据了我们每天的每个瞬间，让人永远都无法放松，这清楚地显示了人道确实很痛苦。

对于所有的修行者而言，深入思维这四加行是极为有利的，对初学者尤其如此，因为这是所有转心向法、远离世间法中最值得赞叹的方法之一。

第五章 运用你的想象力

观想的修持

“观想”的技巧贯穿于整个前行的修持，但它在使用我们想象力的方式上，与其他许多禅修——例如“止”的修持——相当不同。在我们迷惑的生命经验中，想象力也扮演了主要的角色。我们在日常生活中所遇到、感知到的每件事，都是自己想象力的产物，而且，由于我们相信自己所创造的各种幻相，它们成为了根深蒂固的心理习性，以至于我们完全忘记它们只不过是幻想而已。因此，想象力是我们最有力的工具之一，而利用它来改变并稀释我们看待世界的方式，就是所谓的“观想的修持”（practice of visualization）。

初学者会遇到的一个小问题，是英文“visualization”（观想）一词有可能造成误导。对大多数的人而言，“观想”是指专注于某个形象，然后将它保持在心眼中。但是，外貌只是观想修持的一个元素而已，绝对不是全部。每个人对事情的态度与理解，都随着他的处境与教育而改变。直到最近，在西藏长大的佛教上师们都视沙拉、绿色蔬菜与草是动物的饲料，而不愿去吃这些东西。现在，藏人已经熟悉西藏以外的食物，这种态度也随之改变了。正是这种显相上的转变，被我们运用于“生起次第”*（梵 utpattikrama）之中。

另外一个例子可以在互联网上发现。大多数的色情图片都很小——当然远小于真实的尺寸。从逻辑上而言，很难相信那么小的图片能让活生生、会呼吸的人激起性欲，但是它们真会如此。我们根深蒂固的习性设定了我们会对某种特定的图像做出反应，因此，即使是在小小的 YouTube 视频窗口中播放，它都依然有力量让我们感到兴奋，或令我们生气、悲伤，甚至抑郁。在某种程度上，这就是观想的运作方式，与物体的大小或所谓的“写实”程度完全无关。

你对某个普通朋友说：我们所见的周遭事物，例如房子、汽车、树木、商店等，并非如我们所相信的方式真实存在；果真如此，他很可能会认为你终于疯了，或至少你已经患了非理性的绝症。然而，根据金刚乘的理论，这个世界对你的显相是唯一的，其他任何人不会以相同的方式看到它或经验到它，因为你之所见并不存在于你之外。

现代社会的金刚乘学生常会对修持观想感到很困难，我想部分的问题来自于像我这种藏传老师。我们假设一切有情众生都与藏人用相同的方式处理事情，因而教导大家想象佛陀佩戴着藏人喜好且深具意义的饰品，一如传统西藏绘画上的形相。但是，成为一位完美的藏人肖像专家，并非修持观想的重点。

修持观想的主要目的，是藉由培养清净显相，使我们对现象世界凡俗而不清净的显相能够加以净化。然而，不幸的是，“清净显相”又是一个易被误解的概念。弟子们经常试图在心中再造一个与唐卡完全相同的影像，其中有平板、不眨眼的本尊，身边环绕着冻结在空中的云团，而他们的佛母看起来像是过大的婴儿。以这种错误的版本来修持观想，等于是把一种比你与生俱来的还糟糕的显相灌输给自己，而在这个过程中，也摧毁了培养清净显相的整个目的。

那么，“不净显相”真正的意思是什么呢？如同前述，“不净”并非意味着我们观想的对象被尘垢所覆盖，或是污秽、肮脏，“不净”并非“在外面”；在此处，“不净”意指问题“在里面”。我们透过标示为“贪爱”、“嫉妒”、“憍慢”、“无明”、“嗔恨”等的各种情绪滤镜去看世界，因此，我们所感知的一切，都被这五种情绪的无数变形所染色，而这些变形有些连名称都没有。想象你去参加某个派对，一眼就瞥见某个吸引你的人，你的“贪爱”滤镜便会立刻聚焦，为此人贴上“性感”的标签；如果其他人妨碍了你，你的“嗔恨”滤镜便会立即启动，为此人贴上“讨厌”的标签。随着夜晚流逝，又有其他人激起你的不安全感，使得你批判他们，打量他们；你为自己的选择辩护，并诋毁他们来膨胀自己的憍慢，所有这些都是被“深度无明”的滤镜所激发。这张清单可以这样一直往下列。

所有这些不同的显相都生自我们一己之心，然后再经由我们的情绪所过滤。事实上，我们所经历的一切大小事情必定会导致失望的原因，是因为我们一直无法记得自己感知的一切都是自心的产物，反而执著于“在外面”的显相，并相信它们是真实存在的。这就是我们在金刚乘“观想的修持”中所要处理的东西。

这一切都与“修心”有关。声闻乘所提供的诸多方法之一，是以“身”与“语”的戒律来灭除我执，诸如先前所提到的：剃除须发、托钵乞食、穿着袈裟，以及避免各种世俗的行为（如结婚或性行为）等方法。菩萨乘的修心除了持守“身”与“语”的戒律之外，还加上观修悲心、生起菩提心等。最后，金刚乘不仅经由持守戒律与观修悲心来修心，它还提供我们从不净显相转化至清净显相的方法。

观想“融入”

究竟而言，佛法最重要的目标——尤其在菩萨乘——就是要证得“无二”（无二元分别），而要圆满这种证悟最有效的方法之一，就是修持观想。在观想中，最重要的则是本尊或上师融入修行者，而与之无二无别。但这修持怎么做呢？

想象在镜中或湖面上有个月影，虽然影像清晰可见，但它只是个反射的月影而已，并非月亮本身直接从湖中升起或被塞入镜里。另外一个例子是彩虹，虽然我们可以很清楚地看见彩虹，但它并无本具之真实；同样的，虽然彩虹空无一物，但我们还是看得见它。月影与彩虹两者，都是既空无一物，又清晰可见。

所以，在此“无二”是指“显现”（appearance）与“空性”的“无二”。我们所感知的一切，无论是上师、弟子或任何一切，皆非真实地存在于一己之外。而且，直到我们真正证得“无二”之前，将自己与本尊或上师融为一体的修习是极为有用的工具；对于你要领受加持、灌顶甚或启发，这也是非常有效的方法。

然而，修行者在这部分的修持常常遇到困难，因为他们总是在理当修持观想与融入时，反而在心中遍处寻觅所有学过的相关理论。这个例子说明了如果在心中塞了太多概念的话，对修持的进展反而会造成阻碍。因此，我们在修持时，应该把理论完全放在一边。

在此，最佳的忠告是应当让它实际可行。心灵修持应当像骑自行车一般，一旦你学会骑车，就无须每次都重复一次“齿轮如何作用”或“坐垫该有多高”等这些事情背后的理论，你只要坐上去骑走就行了。修持“融入”的关键是尽量去做即可，别过度担心自己做对与否。到最后，你一定会学到窍门。

在此的“窍诀教授”非常实际——“只管做就对了！”体悟“无二”有点类似学习开车，无论一开始听起来有多荒谬，经过了几星期学习车上的各种按钮与手挡，最后你还是必须放下驾驶手册，启动引擎开始开车。观想也是如此，最初你可能会觉得自己的融入过程比较不像消融，反而像是把苹果丢进布袋里。但是，除非你硬着头皮冒险去做，否则什么也改变不了。然而，经过一段时间的练习，你的上师就比较不会像个苹果，而比较像是你倒入水桶中的一杯水。这就是个征兆：你已经开始稍微更加了解“无二”的过程了。

最终，你会理解“融入”的过程就与一个封闭的空间和虚空混合时的状态完全相同，而这部分的修持正是许多学生误解之处。想象一个陶罐，它的周遭与内部都是空间，当陶罐破碎时，原先内在的空间与外在的空间混合成一个不可分的空间。我们不可能分得出“内在”与“外在”的空间，空间就是空间，你无法分辨各部分原本来自何处。修持者与上师的相融无别，就应如此。

目前，虽然你无法不将上师或佛陀视为外在于你的独立个体，但是你应谨记，自己所见到的纯属一己之所见而已，任何人之所见、所闻、所思，都是基于他个人的诠释。这个原则不只构成佛教哲学的理论基础，也是观想能起作用的主要原因。露易丝可能自认为是“露易丝”，但她绝对不会描述自己是“观想出来的露易丝”，虽然这正是实际上的她。事实上，我们每个人都是我们自己的观想。

常有人问起，“观想”是否是特定文化的产物，是否有点倾向于有神论？但如前所述，把莲师或金刚总持（梵 Vajradhara）[1] 观想成西藏唐卡上的样貌是一个错误。即使大家都使用完全相同的一幅唐卡，每个人的显相也都还会有所不同，而且跟画师所想象的也会截然不同。所以，当我们观想莲师或其他本尊时，不妨大胆一点去想象。莲师是无上又殊胜的人，而“无上”所具有的一个面向，通常就是“法相庄严”，或至少是面貌出众。但某人认为的“美貌”，在他人的眼中可能是“丑陋”的，因为每个人的诠释都非常不同。而且，美国人、墨西哥人或比利时人，绝对无须学习西藏人所认定的“美貌”版本。所有我们能做的，只是将自己的诠释拿来做最佳的应用而已；而且也别忘了，甚至你正在阅读的这些文句，诠释它们的也无非是你的心，至于心如何诠释，则完全基于你自己的习性与显相。也许你认为你了解我所谓的“美貌”是指什么，但其实不然，你只是对我所谓的“美貌”发展出你自己的版本而已。

另外一个重点是，我们观想本尊手执金刚杵或颅器 *（skullcup），并非出于美学上的考虑，也不是因为这些仪轨物特别有用之故。有些学生会问：是否应该观想本尊手执比较现代化的东西，也许像 iPad 或 iPhone？但是，本尊所执的器物、装饰或配件，都具有重要的象征意义，因此应该完全依照神圣法本中之所述，不做任何更动。

我们对往昔伟大上师的相貌知道得很少，莲师真正的相貌如何，大家只能猜测，即使你翻遍所有的藏传佛教文献，也找不到丝毫有关他相貌的确切

---

[1] “金刚总持”意指“持有金刚者”（Holder of the vajra）。在新传中，他是本初佛、一切密续之源；在旧传中，“金刚总持”表示根本上师即是金刚乘法教的证悟总持。——译注

描述。虽然有一尊称为“很像我”（Looks like me）的莲师雕像，其照片广为流传，但也还有其他数尊相当闻名的雕像，却与这一尊造像迥异。

我们也应当记得佛陀在《金刚经》中所说的：

> 若以色见我，
> 以音声求我，
> 是人行邪道，
> 不能见如来。[1]

在一般教法中，有一个重点经常刻意不在前行修持中去强调，而是到了修持仪轨正行时才会提到，那就是当你在心中生起观想时，你所观的本尊应该清晰、生动，并以了知“无二”做封印。这点所指为何，在此需要稍做解释。我们用观想莲师如芥子般微小，却坐在如须弥山 *（Mount Meru）甚或如宇宙一般大的宫殿中来做例子说明。乍听之下，这既不自然又不美观，但在修持上却非常恰当，因为容器并非太大，内容物亦非太小，芥子与莲师不同的大小也毫无问题。还有一些修持需要观想宫殿小如芥子，而莲师却大如宇宙，但他仍然可以很舒适地进入宫殿之中。这都是“无二”的练习，而且常在观想中运用。

如同根敦·秋贝（Gendün Chöpel）所指出的，金刚乘修行者必须要习惯于相信不可信之事物。密续的观想法门常常要你在心中观想炽热大火，于其中，本尊端坐于一朵脆弱的莲花与清凉的月轮之上，身拥热情如火的明妃，周围还环绕着一群难以驾驭、面露怒色的本尊，手上挥舞着足以令人致

---

[1] 《大正藏》第八卷，p752a。——译注

命的法器，但这熊熊烈火却完全不会造成任何人或物的伤害。以理性去分析的话，只会让人觉得不可置信，因为这个场景的一切都自相矛盾，而且完全不可能存在于日常现实中。但是，重点在于密续行者必须习惯于相信不可信之事物。我们的目标是要结合并消融主体与客体，因而两者合一而不二，无论是贪爱与嗔恨、热与冷、干净与污秽、身与心都是如此。这就是所谓的“智”（梵 jnana）与“身”（梵 kaya）的合一，也是最究竟的一种结合。

根敦·秋贝又说，我们之所以无法掌握如“法界”*（梵 dharmadhatu）这种不可说的观念，并非我们强烈地相信存在的事物之故，而是因为我们强烈地不相信不存在的事物。但是，要把这种“无二”的新知识塞入我们非常固执的二元系统中，必须要花上相当长的时间。

资粮田

观想通常都会涉及想象一个“资粮田”（field of merit，皈依境），其中的各种细节会根据你所修持的前行而有所不同。

作为初学者，你对观想的各个细节无须太过偏执——当然，除非细节很能给你启发。你随时都要记住，自己所观想的一切，本身都是幻相，它是根据你自心对各种不同资讯的诠释所虚构出来的想象而已。在此最根本的是，这些幻相并不是真实的存在。

何谓“资粮田”？想象你想要发财，因而需要某些资金来投资：农人需要一块田地来种植或畜养牲畜；生意人则为了某个新项目需要业务贷款或投资客融资。同样的，追随心灵之道者，由于渴望将自己与所有的受苦众生都从轮回之网解脱出来，因此需要积聚福德。为此，我们需要使用两种资粮田——圣者的资粮田与众生的资粮田，经由这两种资粮田，我们终能收获证悟之果。

因此在前行中，从头到尾都会使用到这两种资粮田。我们在圣者的资粮田中观想诸佛与菩萨，想象他们给予我们力量、悲心与遍知，支持我们带领一切有情众生获得证悟。而在众生的（一般的）资粮田中，我们观想有情众生，对他们每一位都生起悲心。如此，我们在两种资粮田中都积聚福德。因此，修行者应该记住，当我们藉由相对的修持来积聚福德时，我们如果不是向诸佛祈请，就是对有情众生生起悲心，无论以其中的哪一种形式，这两种资粮田都会是我们每个修持的一部分。

常见的问题

“如何正确观想上师在自己面前？”是大家常问的问题，例如“上师应该在我头顶上多高的地方？”“他应该面朝着我吗？”“他应该跟我面朝同一个方向吗？”最佳的忠告是别太吹毛求疵，金刚乘之道是“无二元分别”的。事实上，整个修持的重点就是证得此种“无二”，因此，在过程中我们必须学习对这些细节尽可能保持开放而放松。

话虽如此，某些方面我们仍然需要非常明确。例如，在前行的修持中，当你观想金刚萨埵坐在头顶上时，想象他与你面朝同一个方向。而当你修“上师瑜伽”仪轨时，由于染污众生都会认为坐或立于高人一处者，一定较好或较具权威，因此之故，你观想上师与众眷都位于稍高的位置，并且全都注视着你。

在有些修持中，也许你会发现观想上师在头顶或坐在心中比较有效。有个教法甚至提到观想上师在自己喉间，因此当你进食时，就自动地对他献上供养。观想的各种可能性是无限的。

第六章
我们为何需要上师？

今天想要修行佛法的人是非常幸运的，他们手边有大量关于佛法的讯息，以书籍、录音、网站、视频的形式呈现，所有这些都非常有用。但对那些要认真追随心灵之道的人而言，讯息只是故事的一小部分。要全心全意地追随佛陀的教导，你必须先有一位心灵导师——上师——接受你作为学生。之后，关于你在证悟之道上需要做什么、需要何时去做等，他会给你非常特定的建议。藉由这种方式，你会节省大量的时间与精力。

启程迈向心灵之道有如计划一趟旅行——例如计划前往马丘比丘（Machu Picchu）。有些旅行者会投入大量的时间阅读旅游指南或者上"Google"网站查询最佳路线与住处，来计划旅程。这是个有效的方法，但这只能达到某个程度而已。另外一些旅行者喜欢更简单、更安全的方法，那就是请一位自己认识、信任又去过马丘比丘的人同行，让他带路。同样的，希望追随佛教证悟之道的人，应该依循法教中所称的"四正量"*（Four Authentics）：（一）佛陀的纯正话语（即佛陀的教法）；（二）对教法的纯正阐述，这存在于往昔伟大上师的释论中；（三）由纯正个人经验得来的结果所做的更进一步的阐述；（四）一位纯正的上师为此经验所做的表述。

实际上，这是指纯正的佛教上师会分享他对教法与修持的纯正个人经验。这些教法与修持，是由纯正释论的相关描述所阐明过的，而这些释论又精确地代表了佛陀的纯正话语。由于纯正的上师是此过程里的关键因素，所以，学生对上师拥有绝对的信心与虔敬心是非常必要的。

检视上师

那么，我们如何分辨所遇的上师是“纯正的”呢？最实际又简单的方法，就是运用逻辑与常识。上师是否自私？是否以自我为中心？他对轮回生活是否太感兴趣？答案若是肯定的，那么他可能不是你要的上师。若是你找到一位上师，她对轮回生活并无任何兴趣，而且是位非常好的佛法修行者，你仍然应该自问：“她是否具有足够的慈悲，对我的证悟真正地感兴趣？”

上师可能会以无数的方式启发你。例如，他的气味、微笑、衣着，或者他跟你都是同一支足球队的球迷。无论最初是何种原因吸引你到上师跟前，也无论那个原因是多么肤浅，它都有可能让你们结缘。结缘之后，很重要的是你要彻底地检视他。这个建议来自于佛陀本人，远在现代世界颂扬言论自由的风潮之前很久，他就强调我们不可盲目地跟随老师，而应该彻底地检视上师，这显示他对逻辑与推理的力量异常尊重。除此之外，今日的我们，对于伴随着心灵教授而来的各种文化包袱，更需要有充分的意识。

全球化让我们的世界似乎变得更小，在许多第一世界的民主国家里，具有权力者的操作必须透明化即是一个明显的表征。这是一个合理的原则，但强制透明化并不一定会有好处，反而可能造成伪善。过去几年中，有些藏传喇嘛受到甚多批评，大体而言，这些批评都始于欧洲与美国的报纸。就在最近，有位新闻记者写到关于西藏喇嘛的物质主义倾向。初次读到这篇文章时，我有点不以为然，后来再读一遍，却让我觉得她确实有些很好的观点。她描述藏传喇嘛们如何责骂富有的现代学生们购买欲太强，接着又指出，还是这些喇嘛，却带着从第一世界施主那里吸取的巨款，回到尼泊尔或印度来购买昂贵的新车与金表。她说得没错，这种事一直都在发生。从某种相当狭隘的角度来看，你可以说，如果所有的高阶喇嘛卖掉他们的金杯、银器的话，收回来的钱可能足以喂饱数百个饥饿儿童，而且好几个月也用不完。

然而，在严厉评判这些戴着劳力士表的喇嘛之前，我们也不要忘记，即使外表简朴、谦卑的比丘，实际上也可能躲在虚伪的面具之后。当某些喇嘛小心翼翼所树立的简朴、谦卑形象稍微被提及可能是个骗局时，他们就会吓得不敢动弹。对于这些喇嘛而言，以既谦卑又简朴的形象被大众所公认是如此的重要，以至于若是被指控自己还隐藏了另一张“脸”，他们就会痛苦至极。从这个观点来看，我反而佩服那些我行我素、不为栽培谦卑形象而烦心的喇嘛们，如果他们想一次戴四个劳力士金表，就去戴吧！然而，我们必须留意自己是以何种逻辑与推理来检视上师。

老师示现，以启发学生

一位好老师知道如何能有效地教导学生，但一位伟大的老师能启发各个阶段的学生——从初学者一直到较有经验的修行者，在他们心灵上变得更加成熟时，启发的来源也会跟着变化。我们身处于一个批判性的世界，大家都知道，若是美国总统或身价百万的运动员做了些微可疑的事情，当事件曝光时，他的对手——特别是媒体——就会大肆宣扬报道。同样的，若是学生们企图以他所认定的道德正直可靠人士之举止当作评定上师的基准时，相同的批判心态也会指向上师。但问题是，过了一段时间，当学生在心灵上变得更成熟，寻找的真理更高深时，上师必须能够给予他们相当不同类型的启发。初学者经常被上师的谦卑与简朴所启发，然而过些时候，到了开始要粉碎概念时，如果上师离不开出离者“道德性”的外表与特征的话，要打破阻碍学生进步的藩篱，他可能就不具足够的挑战性。

愿意受到启发，或倾向不再接触，这两者都是相对的反应。有些人由于看到托钵乞食的安详比丘而受到启发，有些人则是由于看到半醉半裸的瑜伽士。有些金刚乘学生从穿着稀奇古怪、佩戴大量金饰又不守礼仪规范的上师——而非一位圆满的比丘——那里获得更多的启发，这显示我们启发的泉源是相对而主观的。不仅每个人会从不同的地方受到启发，而且，让十五岁的人感到受启发的东西，等他到了四十岁，就不再具有相同的效果。

因此，无论如何近距离地检视每位上师，无论以多少方式来评断他的价值，无论我们的论点多么符合逻辑与推理，重要的是一定要记住，一切方法都是有限的，百分之百地信任自己的逻辑与分析是极其愚蠢的。

上师

“上师”的梵语“guru”，其中一个词义是“老师”（teacher）或“大师”（master），代表教授并传递知识的人，如教导学徒的木匠大师。假设你毫无天赋且正在失业中，还有一家人要仰赖你活口，有一天，某个木匠教你学做木器，和他工作了几个月之后，邻居们也开始付钱请你为他们做些木器，想象你会多么感激教你谋生技能的老师，对他的帮助会多么感恩。在心灵之道上，我们只能在上师的帮助下才能证得圆满证悟，这可是比单纯喂饱空腹还大得多的工程。因此，当我们发现某人愿意接受并教导我们时，感恩是无限的。

金刚乘的经文中提及，对于寻求证悟者而言，上师比三世诸佛的总和还要重要。他的工作不仅是教导，而且还要引领学生。他是我们最重要的同伴、家人、丈夫、妻子与心爱的孩子，因为只有他才能带领我们达到证悟。

遗憾的是，近年来，“上师”一词已失去其原有的意义。这个时代的迷惑众生贪著一切纯净、无染的事物，因此他们紧抓着上师的原则，恣意地破坏它、丢弃它，然后移向下一个他们能践踏的完美珍宝。这太常发生了，因此在现代世界中，上师不仅不被信任，还经常被通俗文化拿来嘲弄取笑。但是，对于认真追随心灵之道的人而言，上师的引导是无可替代的。

我们之所以追随心灵之道，是为了想要战胜情绪并获得证悟，而要达到这个目标，我们就需要戒律、指引与勇气，来面对自己多生多世一直逃避的一切。这正是上师所能提供给我们的：挑战我们先入为主的概念，搅乱我们的生活，还有最重要的是，否定“我执”的每个愿望。因此，如同吉美·林巴所极力建议的，我们将通行证给予上师，让他来摧毁自己的生活之前，应该对他做大量的研究，因为我们必须能够完全信任他。不幸的是，如今很少人会关注这种细节，因此这个阶段的过程往往就被忽略了。

学生为何需要寻找上师？

是什么促使学生寻求老师呢？理想上，是为了自己与一切有情众生的证悟，但从这样的愿望开始是很稀有的。人们经常是在面对灾难、身体的痛苦或无望的病情诊断时，才开始对心灵的观点感到兴趣，因为直到此时，我们才认识到生命是充满了令人恐惧又担心的无尽痛苦，于是我们开始到处寻找避免它的办法。在这种背景之下，当我们初次遇见上师时，很可能只视他为可以抱怨、哭诉、讨论或祈请的对象，类似是精神病医生、心理学家，甚或“神”的替代品。虽然可能会花上一段时间，但最终我们会了解，想要从这种痛苦的存在中解脱，唯一的办法是“证悟”；而要达到证悟，我们只能藉由追随心灵之道，以及找到一位心灵上师，才有可能成就。

我们对证悟的渴望，有助于对心灵之道培养出真正的虔敬心，但这种渴望很难唤起，更难以维系。在我们过度拥挤的脑子里，虔敬心可能会昙花一现，但许多其他邻近而不安的情绪马上就会将它染污。然而，纵使我们只经历到真实虔敬心的吉光片羽，其价值却无可估量，因为即使是最轻微的一瞥，也能引导我们走上正道。

理论上，我们是因为渴望证悟而寻找上师，但实际上，学生常常由于相当不同的理由而被上师所吸引。例如，上师可能体态优美，或拥有一个令人无法抗拒的翘臀，或拥有美妙的声音；而对于我们某些人而言，这些可能就是让我们有所反应的唯一准则。但是，一旦被勾摄住了，我们就应该试图将这些世俗的吸引转为虔敬心，并以对证悟的渴望来追随上师。如果我们能够以这种方式调整自己的发心，与上师的关系就永远不会动摇。但是，如果我们的发心被物质利益或其他的世俗欲望所染污，事情就一定会出错。错误的发心会导致虚妄的期待，任何上师都无法令你满足。即使我们自认为是心灵道上的学子，但是这种错误的发心，仍会令我们经历世俗的失望，一如我们在轮回计划受阻时所感受到的一样。

当关系逐渐成熟之后，我们不仅会视上师为自己的导师，更会视他为心灵之道的关键。他不再只是提供读书清单、回答无止境问题的那个人，而是我们佛性示现的体现。由于佛性太过抽象，以至于我们几乎不可能靠自己之力而与它连接上，所以我们得请上师——也就是自己佛性的反映——

来替我们连接。这就是“以上师为道”（take the guru as the path）的一种方法。

金刚乘中说，上师即是“佛”，上师即是“法”，上师即是“僧”。“上师”在此不仅是指外在的上师，也指内在的、秘密的上师。因此，从甚深的层次而言，上师不仅是我们的老师，也是我们心灵之道的整体。

上师即是“法”

在佛经中，关于如何跟随上师，相同的建议一再出现，那就是“四依法”*（Four Reliances）：（一）依法不依人；（二）依义不依语；（三）依了义不依不了义；（四）依智不依识。

在日常生活中，我们很难单凭外表与举止就成功地判断别人，而在心灵之道上，过分依赖上师的个性与特质更不是个好主意。如果经过彻底分析，而决定以上师为法道，那么很重要的就是不要再把他归类为一个“人”，因为从此刻起，上师即是“法”。

不要事后批评自己

虽然你可能已经找到上师，认定了他的纯正性，而且也被他所接受，可是过了一阵子，你可能会开始怀疑自己是否做对了事。也许你对上师的分析有破绽？有关他的个性与生活方式，你是否真的检视了每项该检视的事？如果你手上时间很多，而且乐于满足每个散乱的念头，你大可继续分析上师，爱分析多久就多久。但是如果你急切地想抵达彼岸（证悟），而且知道时间所剩不多，最快的方法就是单纯地选择一位上师，然后上路。做了这个重要的决定之后，上师将成为你的法道，你也就必须对他培养出坚定不移的虔敬心，因为就一位完全具格、纯正的金刚上师而言，虔敬心是极为有力的方法，保证能带给你无量的加持。但为了让这一切都一一到位，你必须先解决的问题是：你考虑要视为上师的人是否具格？而且特别要解决的是：何谓真正的“具格”？

吉美·林巴说，检视上师以及检视你自己选择他的动机，这两者都极其重要。但是要记住，到了你能分辨上师具格与不具格时，你已经在心灵之道上进展得很远了；而直到那个时候，这会是心灵修持上相当令人迷惘的面向。

纯正上师所具有的功德

如今，具格的大师极为稀少，而根据吉美·林巴所述，在三百多年前，具格的大师就已经是间断出现且稀有了。他对具格上师稀有的悲痛，如今还被学生们持续地研读着。那么，我们应该在上师身上寻找何种功德呢？

纯正上师也是佛法修行者

如今许多所谓的“上师”就如聋子音乐家，他们既不修持，也无足够的佛法知识来正确地教导他人。即使他们拥有佛法知识，也不会把自己所教的内容付诸修持。

龙钦巴说，末法时期的众生都被宠坏了，不会因接受他人的帮助而感到满足。因此，如同雏鸟必须先等翅膀硬了、羽毛丰了才会试图飞翔，修行者也必须先在心灵修持上修养成熟，否则无法真正地利益有情众生。而且，若无一定程度的遍知能力，几乎不可能真正地利益他人。因此，龙钦巴建议我们要时时刻刻地提醒自己利益他人的愿望，但在心灵之道的初始，更要特别注重自己的修养。

康楚仁波切说，接受未曾修持者的教导，就如你正在生病时去阅读与治疗相关的书，它可能在知识上读起来令人满意，但等你真正需要实际帮助时，一本书却是毫无用处的。

纯正上师不会为了获取利益而调整教法

传播佛法非常重要，但绝不应该为了物质获利而教授。果真如此，佛法就会像世界上许多古老的智慧传统一般，因为失去了力量而衰落。例如，把修持印度瑜伽当作锻炼身体的时尚已经几十年了，当今有多少老师提及真正瑜伽修持背后的见地与动机，或者保留传统的元素，如对瑜伽老师行大礼拜或在授课时唱诵祈请文？少数是有，但并不多见。大多数的状况是，瑜伽修持中有关心灵的一切全被省略，让课程能更符合健康意识强烈的企业员工之时刻表，也让老师们更加有利可图。一旦类似瑜伽这种活动变成摇钱树，它就迅速地失去了心灵的特质。

你可曾享受过传统的英国茶，从瓷壶中倒出来，用配套的茶杯与茶盘奉上？它真是优雅！而当纯正的“英国茶”氛围被营造出来时，茶本身便会呈现出完全不同的品质。但如今，能喝到正统的英国茶是另一种相当稀有的经验，更多人喝的是在快餐店里买的茶，装在附有盖子的聚苯乙烯杯里，然后在上班途中大口地喝下。这可能是一种快速而有效的摄取方式，但太多东西在这种过程中失去了。大多数上班族对于他们的即溶茶都会相当满意，但对真正的茶痴而言，没有什么能比得过传统的仪式。同样的，上师不应该让佛法去适应忙碌而物质化的人们之需要，因为这些人要求的是用一种符合其生活方式的商业式方法来接受教法。若是如此，太多真正心灵之道至关重要的东西，就会因而丧失了。

纯正上师归属于一个纯正的传承

伟大的萨迦派上师札巴·坚赞说，没有传承的上师是不能传递加持的。

佛法的基本见地是：所有的事物都由因缘而产生，并非随机而发生的。因此我们别无选择，只能依靠正确的因缘去达成证悟。遇见一位心灵上师，而且被其接受，是绝对重要的因缘。因为只有接近上师，我们善良与灵性的特质才能被激发而增长。

“上师瑜伽”的修持，与崇拜外在的个人完全无关，它也不是用来承认某位上师就是我们老师的无聊方法。“上师瑜伽”是建立自己与心性之间的桥梁之唯一途径，因此，不仅寻找一位纯正上师是重要的，他也必须持有纯正的传承。身为一个能力有限的众生，我们要衡量法道与其道上行者（上师）的效力，只能藉由查访上师、上师的上师们，以及所有同一传承的其他上师们的心灵修持经验之历史记录。对一个与所有传承无关，却声称发现某条证悟新道的人，我们把自己的信任感放在他身上是非常冒险的。如果你确定要追随某位自命为“上师”的人，那么请切记，你将只能仰赖自己，因为他的声明是否属实，完全无法检验。他极有可能是个骗子！因此，确定你的上师属于某个传承，非常有助于验证他的智慧与证悟的真实性，如同知道某位学者在哪个大学研习、从哪位教授得到学位，非常有助于验证她的学术地位之真实性一般。

具格的上师至少必须具足悲心，而且总是为了你的利益，而非他自己的利益而努力。

福德与上师

在此，“福德”再度扮演了重要的角色，因为寻找正确的上师需要大量的福德。若无福德，甚至连遇见心灵导师的愿望都不会生起，更遑论能以正确的发心培养出清明的能力，来辨别上师是否既纯正又适合自己。找到上师是一回事，有足够的福德不去怀疑自己的选择，并能一直相信他又是另一回事——这需要有海量的福德。事实上，在你与上师的关系中，每一阶段都需要福德。

在这一生中，你与上师的业缘所积聚的福德一直都潜伏着，有如你在飞往证悟航班的等候名单上等候通知。一旦你遇见上师，那个福德便开始成熟，此后，任何事情都可能发生。然而，你的心灵之道终将如何展开，完全取决于你与上师，例如，他可能会叫你放弃现在的生活，去做完全不同的事。果真如此，那就是你必须追求的法道，因为你必须为了最终能获得证悟，而付出任何代价。

以虔敬心来度量心灵的进展

在佛法修持的每个阶段，理解（understanding）、经验（experience）与证悟（realization）都会在你心中增长。因此，无论你有多少信心，由你的证悟结果所归纳的结论，完全是你自己的。因此之故，唯一真正能显示你的心灵是否有所进展的，就是你对上师的虔敬心以及对有情众生的悲心，是否有所增长。除此之外，你所有的净境（vision）、梦境或从佛法修行者协会赢得的奖章，完全不代表任何事情，也都毫无意义。

第二部

前行

第七章 皈依

为何要皈依？

诱使我们皈依的状况或条件有三种：（一）恐惧；（二）信任感或虔敬心；（三）悲心。在这三者之中，恐惧是最强大的。

恐惧

对于世俗的事务，特别是跟“得”与“失”有关的，我们总会感到恐惧。由于害怕被雨淋湿，我们躲在雨伞下接受庇护；同样种类的恐惧，也使得佛教国家的农人与商人们进入佛堂祈请，尽管他们对哲学毫无兴趣。对这些人而言，无论是缘起实相或空性，都毫无意义。然而，由于他们身处佛教国家，佛、法、僧就成了他们的“神”，因此，他们如鹦鹉学舌般向三宝祈请，希望能够长命百岁、生意兴隆、五谷丰收，并以物质供养与绕行圣迹作为回报。

尽管这种态度并非皈依的究竟目的，我们却不应该嘲笑它。因为对于那些信念单纯的人而言，这可以是步向更深理解的垫脚石，况且，并非只有生于传统佛教社会的人才会有这种态度。大多数步上佛法之道的人，都常把佛陀想成是救世主，如同基督徒所想的耶稣一般，而且他们往往是由于恐惧、感到需要保护才来皈依佛陀。这是引导修行者皈依的第一种恐惧。

第二种是对于轮回痛苦的恐惧，例如害怕自己投生于地狱道。苦于这种恐惧的人不太关心谷物歉收或利率调升，他们最大的恐惧反而是被轮回所困住而受愚弄。他们已培养出“尽所有智”（藏 ji nyed pa khyen pai yeshe；wisdom of knowing），认识到陷入轮回的危险；而且他们对所有众生的悲心，更引导他们不仅恐惧轮回，也恐惧仅只希求自我解脱（涅槃）的自私。

除了恐惧轮回与涅槃之外，金刚乘修行者所承受的是第三种恐惧，那就是对不净显相的恐惧。因为只要我们的显相不清净，二元边见之根就永远无法断除。

信任感或虔敬心

在我们的生活中，无论做什么事都需要相当程度的信任感。例如，想喝茶时，你别无选择地只能相信集合茶叶、茶具与泡茶的技巧，就能泡出一杯好茶。要能成功地做到这件事，其中不能有任何一项元素欺瞒你。因此，如果有个设计精美的茶包，搭配雅致的绳结与标签，可是里面却无茶叶，它就无法以热水冲成茶。虽然它看上去像个茶包，可是泡不出茶来，因此它是“欺瞒的”（deceptive）。

决定追随心灵之道，是人一生中最核心、最重要的事。经常，这是人们在曾经信任的世俗目标违背了自己之后，想要转向更可信任的道途时，所做的决定。如果听闻、思维教法与修持禅定让你受到启发，很可能你就会选择信赖佛法的逻辑。而当你逐渐培养出对“佛”、“法”、“僧”不可动摇的信心，也相信这是世上唯一真实的无欺之道时，你更会渴望去追随它。基于此，你皈依三宝。

当然，还有许多其他的理由令人想要皈依三宝，例如，对解脱的证悟功德培养出坚定的信心而想皈依。一旦所有这些理由都让你信服，解脱的想法将对你愈来愈具有吸引力。换句话说，你对“佛”、“法”、“僧”已经建立起虔敬心与信任感。

从本质上而言，一旦你相信三宝是“无欺”的，相信它代表最高的真谛，你将会以皈依来臣服于这个真谛。

悲心

身为大乘佛弟子，我们领悟到：每一个困于轮回之苦的有情众生，过去都曾是我们深爱的人，他们甚至可能牺牲过自己的生命，来满足我们自私的欲望。由此领悟所感受到的悲心，将成为我们皈依更为重要的诱因。但是即使有了这种领悟，我们仍然无力帮助他们，因为我们也被束缚，并完全受制于自己低劣的条件与状况之中。

那么，一个同样无助的避难者如何给予另一个难民庇护？如同寂天所说，能有比你更强的人护佑你，你就可以护佑他人。因此，一旦皈依了“佛”、“法”、“僧”，你便能庇佑、援助并保护他人。

皈依：理论

金刚乘法本经常以不同的词汇来表述“佛”、“法”、“僧”，例如“上师”、“本尊”、“空行”（梵 dakini），或在《龙钦心髓前行》中的“脉”、“气”、“明点”，甚或“法身”＊（梵 dharmakaya）、“报身”＊（梵 sambhogakaya）、“化身”＊（梵

nirmanakaya)。我们描述对谁、对什么皈依或所用的词汇并不太重要，重要的是要理解我们所念诵的词语之内涵，它是指我们接受自己具有佛性，因此能获得证悟。

想象一下我们要清洗一个很脏的咖啡杯。当杯子浸入热肥皂水时，你在做什么？大多数的人会说："我在洗这个杯子。"不过，真的是这样吗？你是在洗杯子，还是在把污垢从杯上移除？母亲教你如何清洗时所给的指示(以我们的话来说是"窍诀教授")就是"去洗你的杯子"。不过，尽管她几乎每天都这么说，但她从未解释过咖啡污垢与杯子是分离而不同的。而"洗杯子"所表达的，其实是从杯上移除污垢，而那个杯子本身现在绝不是、过去未曾是、未来也不会是脏污的。然而，基于多年的清洗经验，她的窍诀教授在实用上其实是简单的，每个人都能懂，也都做得到。但是，杯子与污垢是两个独立的实体，你所清洗的并非杯子，而是污垢；如果清洗的是杯子的话，杯子将会完全消失。所以，可被清洗的是污垢，与杯子完全无关。

这个例子相当清晰地说明了菩萨乘中最深刻的一个理论——我们都有可能成佛，因为我们都有佛性。问题是我们还需要去证得它，那么，是什么阻碍了我们证得自己的佛性？换句话说，是什么阻碍了我们理解"杯子现在是、过去一直是、将来也还会是干净的"？那就是我们累劫以来所积聚的蔽障。

如果你不知道"我们本具佛性"这个讯息而只听从窍诀教授，你会犯一个相当常见的错误。数世纪以来，许多金刚乘修行者误以为佛陀是一个坐在面前虚空中的人，而我们向他祈求恩赐。这是一种有神论的方法，比较接近如基督教等的一般宗教，而非佛教。所以，当学生们问到这个常见的问题"我应该修持皈依多长时间？"而答案为"直到皈依者与皈依对象不可分。"就是在提醒我们，皈依的究竟对象并非在身外，而是在自心的本性之中。

在因札菩提（Indrabhuti）的《智慧成就》*（藏 *ye shes grub pa*）中说，在究竟上，“佛”、“法”、“僧”存于我们心中，而且一切念头，都是佛、法、僧的示现，即使最短暂的念头也是如此。所以，在此层次上而言，即使是最不重要的念头，都未被烦恼所染污，也是本初清净的，因而含藏了证悟者的一切功德。如同吉美·林巴所说，对于三宝的全然信心，是皈依的相对修持之最高境界；视你的自心为三宝，是皈依的究竟修持之最高境界。

皈依：窍诀教授

“皈依”有多种的窍诀教授。一种方法是我们皈依“佛”为导师、皈依“法”为道路、皈依“僧”为道途上的友伴。另一种，是金刚乘所教授的方法，是要具足绝对的信心认定上师即是“佛”，上师即是“法”，上师即是“僧”；甚至更为明确的——心即是“佛”，心即是“法”，心即是“僧”。

我们为何要观想上师为佛或其他尊胜的形相？事实上，我们到底为何要观想上师？为何不直接观想释迦牟尼佛的形相，并且相信他就是释迦牟尼就好？一个非常好的理由是，人类很难想象佛性可以存在于我们这种凡俗的生物当中。其次，我们同样难以相信，又打哈欠又喝茶的人类上师，会是一位真正的佛。他怎么可能是呢？很多事情他都还不知道，他平时都茫茫然，举止也完全缺乏理性。不过，有时我们也会有一种强烈的感觉，上师确有非凡之处，我们因而在对他全然信任与怀疑猜忌之间，左右摆荡。

蒋扬·钦哲·秋吉·罗卓（Jamyang Khyentse Chökyi Lodrö）在他关于“上师瑜伽”的解释中写到，依据大乘与金刚乘的说法，佛性持续不断地显现。然而，如果这种显现尚未被福德所纯净化（refined），它通常就会以烦恼的形式表现出来，例如嗔恨等情绪。一旦“纯净化”的过程开始进展，佛性就会显现为悲心、慈爱、理解与宽容，而有时它会以最为纯净的形式——虔敬心——显现出来。只有透过“虔敬”之门凝视时，才能看见某个我们认为值得聆听与仿效的人，而我们称此人为“上师”。

据信，虽然有无量无边的佛与菩萨曾经示现，并且持续地示现于此世间，但我们大多数的人都因福德不够而见不到他们；即使能遇见佛，也不具备足够的福德来认出他，或理解他所说的教法，或对他生起任何虔敬心。提婆达多（Devadatta）就是如此，他是佛陀的堂弟，始终生活在佛陀的身边，可是他却未能从中得到丝毫好处，因为他十分嫉妒佛陀。

对我们而言，上师是自己个人的佛。他不仅对我们开示，还无倦、无私地尽力让我们沮丧、失望，更让我们脆弱的憍慢受到致命伤，这一切都是为了满足一个目的——根除我们的我执。所以，从今起直到证悟，我们不仅要以皈依来摧毁表面的迷惑，更要以皈依来拔除迷惑之根，藉由请求上师痛打它，撕裂它，粉碎它，直到它完全被摧毁为止。

那么，我们何不索性以上师日常的样貌来观想他？我们经常见到他，很清楚他的长相，甚至还跟他一起共进过几次晚餐，或曾陪他散步。为何要把事情变得如此困难，费力地去想象他身披厚重的织锦袍，头上还顶着西藏人喜欢让莲师戴的那种奇怪的帽子？毕竟，现今在世者无人见过莲师，也不知道他的装束到底是如何，我们唯一能参考的只有西藏的绘画和雕塑。

在理论上，金刚乘教法的主要目的是教导我们如何从不净显相转化为清净显相。我们都以惯常的不净显相来检视人类上师，然而，这正是我们必须尽力去转化的显相。虽然我们曾听过，当我们有纯净显相时，包括墙壁、天花板、地板等身边的一切看起来会相当不同，但在我们之中，鲜少有人可以在看待世界的方式上立即跨出这么大的一步。但是缺乏这种能力并非我们当下的问题，重要的是，我们需要尽快去除自己对上师的任何不净显相。当他打哈欠、睡觉、无节制地购物或行为古怪时，立即提醒自己，你所看到的只是自心的诠释，而这诠释正是需要被转化的。

要转化僵硬且二元分别的心所需的努力，远超过你在心眼中维持着上师是普通人的形相。因此，当你在修持中需要观想上师时，要想象他以莲师或金刚总持的形相，出现在你面前的虚空中。以普通人的形相观想上师，只会让你对他不净显相的习气永远存在，或者最多只把他看成是一位友伴而已，因而无法让你接受自己的上师是“无与伦比”的想法。

皈依：修持

当我们皈依时，必须向“纯正的皈依对象”皈依。但这代表什么？皈依的对象必须是遍知的、悲心的、全能的；具足这三种特质，才可能纯正“无欺”（nondeceptive）。如果皈依对象不是遍知的，他将不能辨明我们的困难；如果他是遍知的，但缺乏悲心，或者是具遍知、悲心但缺乏帮助他人的力量，那么他将不具格作为“皈依的对象”。

皈依对象的遍知如同太阳，遍在且遍照四方；他们的悲心迅疾如闪电，并且全然平等；他们具有全能的威力，能拔除我们所有问题的究竟根源。我们必须一再地提醒自己这三种特质，也应该一如先前所讨论的，充分运用智识上的“假装相信”。不过，这并不容易，你认识的人有多少是全能的、遍知的或悲心的呢？你遇到过这样的人吗？还是这种想法古怪得不值一顾？

当然，我们通常可以从智识层面找到接受这种概念的方式，但问题是，皈依并非一种智识的活动。我们皈依之后要将佛法付诸修持，因此，我们几乎必须强迫自己去相信，具足遍知、悲心与全能的纯正皈依对象确实存在，并且要培养自己一再地忆起他们的习惯。

观想资粮田

在你开始做大礼拜之前，应该首先观想资粮田。观想一切诸佛与菩萨众在你面前，包括上师、本尊、空行，以及上师的整个传承；或者，也可以专注观想上师以莲师或金刚总持的形相显现。（关于此观想的细节，一般在长轨前行《皈依》章节的“资粮田”中会有详述。）

如果你观想的是整个资粮田，想象坛城主尊（莲师或金刚总持）坐在满愿树的中央枝干上。在他前方的枝干上，端坐着释迦牟尼佛与十方三世诸佛；在他右方的枝干上，站立着全体菩萨圣众；左方站立着声闻与缘觉圣众；后方是无量的佛教典籍。在你上师的头顶上，安坐着他的上师，其上方是他上师的上师，如此层叠直到最上方的莲师或金刚总持。但是，你不用太过努力地想要将他的各个圣众都一一观想出来。往昔的大师告诉我们，当国王驾临时，他的随众就会自动地跟随到来。因此，观想上师为莲师之后，你只需要培养完全的信心，相信他的所有随众也已现前即可。

一开始，你也许会觉得难以看见资粮田。这常会发生，因为你还不习惯于看着它，也许这就如同澳洲土著在两百多年前，无法理解巨大的欧洲商船抵达岸边的景象，因此几乎视而不见。[1] 或者，就如安徒生童话《国王

---

[1] 当英国探险家库克船长（Captain Cook）到达澳洲岸边时，当地的土著对他的船只毫无反应。根据历史学者罗伯特·休斯（Robert Hughes）在其所著的《致命的海岸》（*The Fatal Shore*：*The Epic Of Australia's Founding*，New York：Vintage Books，1986）一书中所说：“那是在澳洲东部海岸所出现过最巨大的‘物件’，它庞大、复杂，更不熟悉，因此违反了土著们的‘理解’。”

的新衣》里的那些子民，不愿意承认他们看不到的那件不存在的新衣一般。

再次的，诸位无须太过担心细节，而是应该专注于生起全然的信心，相信莲师或金刚总持就在你的面前，既鲜活又生动，还有一切诸佛与菩萨圣众环绕着他。

在此我必须强调，“观想”并非要你在心中画出皈依树的图像，那是不可能的。观想很像是想起你生命中最亲近的人。你现在试着想象自己的母亲站在面前，此时，我确定你并非在想她耳朵的精细轮廓，或她的脚趾头是否弯曲，或她的背上有多少颗痣。事实上，这类的细节也许从未在你心中出现过。但在此同时，我也确定你在心中生起了对母亲的强烈感觉，你确信那就是她。观想皈依对象就应如此，而且，你在观想中所感受到的信心是最重要的。

接着，想象那些令你厌烦、惹你生气的人站在最前方，靠近着皈依对象；然后是那些伤害过你的人。我们每个人都曾被所关爱的人伤害过，虽然我们也许会坚称早已遗忘，但鲜少真能如此做到。为了帮助你疗愈任何残留的痛苦，你观想这些众生位居上座，并且生起菩提心，祈愿他们得到一切美好的事物。如果一想到他们你仍会感到痛苦，那就表示你还未放下他们伤害过你的那种感觉。试着不要专注于此感觉，反而要跟自己承认，你仍然紧抓着痛苦不放。然后，再专注地祈愿，愿他们能得到所有的快乐，并且希望自己能承担他们所有的痛苦。要记住，对于想要认真修持佛法的人而言，困难的人际关系提供了修持最肥沃的土壤。

接着，开始做大礼拜。此时，观想每个人——包括你的朋友、家人与无量无边的有情众生，也跟你一起皈依并做大礼拜。这样做，你就是以追随菩萨乘的态度在修持“皈依”。

积聚大礼拜数量

为何要做大礼拜？

为何要伸直全身，投向常是肮脏的地面，然后起身再做十万遍？因为大礼拜是非常直接的皈依方式，并且是摧毁憍慢最好的方法之一。这是臣服于佛法真理的外在表示，也是自己愿意暴露并抛弃憍慢的一种表达。因此，当我们皈依时，将自己投在上师足前，并以身体的五个部分（前额、双手、双膝）触碰地面，尽己所能一再地做大礼拜，来显示我们彻底地臣服于上师。（在西藏传统中有两种礼拜的方式，一种是全长的大礼拜，另一种是半长的跪拜，我们通常积聚的是全长的大礼拜。）

据信，大礼拜可以带来一些利益，例如来世相好庄严，或你的话语会具有分量又受人尊重，或能给朋友与同事带来正面的影响，或有能力管理自己的员工等。有种说法是，积聚大礼拜的修行者将会与圣者为伴，因而庄严、富有，可转生善趣，并终得解脱。

不过对于凡俗之人而言，思维大礼拜所有的心灵利益与所能积聚的福德，并不必然是激励我们最有效的方法。反而，做大礼拜有益健康的这个事实，倒是可以成为我们开始行动所需的诱因。没错！为了健身而做大礼拜，是个世俗的发心，但我不会反对它。在此末法时期，任何可以鼓励你修持佛法的方法，都有一些价值，所以，请为了锻炼身体开始做大礼拜吧！如果能这么做，你不仅能省下健身俱乐部的会费，还可以锻炼肌肉，并且积聚大量福德。

大礼拜计数：只管去算！

传统的目标是在此生完成十万遍大礼拜，如果你有足够的时间与体力的话，也可以做更多，这是你应该尽力去达成的目标。多快能实现此目标，反而不太重要，你比道友更快速地完成十万遍大礼拜，并不代表一定可以最先获得证悟，你的态度与发心比速度更重要。同时请记住，做一百五十遍大礼拜需要大约半小时，如果每天都能做这么多，两年内你就能轻松地完成十万遍大礼拜。

对大多数的人而言，有个预设的目标是很有帮助的。某些人主张不应该太在乎数量，但是很多修行者认为持续记录修持的数量，既是一种正面的戒律，也是很好的鼓舞。宣称不喜欢计数的人，老实说，常是因为太懒惰而不想计算，对他们而言，光是买一串念珠来计数就已经太吃力了。他们让自己对怠惰让步，是完全失去了重点，因为勉强自己费力去做大礼拜，正是这项修持很主要的一部分。还有一些人担心，他们会由于计数而对自己的成就过分感到骄傲。他们的论点是，佛法修持是用来摧毁我执与憍慢的，为何反而要冒险去巩固它？甚至有些人认为整个“积聚”的概念就是意味着自私，如同积聚财富一般，因此不值得去做。

在修行中，如果你强烈地感觉不想计算大礼拜的数量，并且深信这样做不会帮助自己，那么无疑地，你就应该计数。除非你正巧是位隐名之佛，否则像我们这种无明众生，通常在希望达成目标的激励下，都能完成更多。因此，每天都要记下你的大礼拜数量，即使那天只有十遍。并记住，由于做大礼拜比念诵更难，因此要统计的是大礼拜的数量，而非同时在念诵的皈依文数量。

话虽如此，无论你是在往下拜或往上站，你在礼拜时都应该连续不断地念诵皈依文，但不需要去配合大礼拜的韵律。中途需要休息时，就安静地以禅坐姿势坐下，并继续念诵皈依文。你可以在每十遍或二十五遍大礼拜之后，就重新提醒自己的发心，这会非常有用。以信心确认上师就在此处看着你，不时地提醒自己，你是为了利益众生而修行，并同时生起菩提心。

有时，你难免会发现自己做大礼拜只有动作，却毫无“感觉”。当这种情况发生时，只管继续做大礼拜。继续做，比浪费时间去等待“对”的感觉，结果什么也没做成要好得多。就我个人而言，当我做大礼拜时，几乎从来没有任何感觉。

如何克服你对修行的抗拒

在大礼拜中途禅坐

“厌倦”是另一个问题，如果让它生根，你就会产生强烈的抗拒感，而完全不想做大礼拜。克服这种“抗拒”的一种方法，是在大礼拜中途穿插禅坐的修持。还有一些好方法，包括专注于身体的感受，例如膝盖的疼痛，或思维每个大礼拜正在摧毁生生世世的恶业，或去想象当你完全如法地做一遍大礼拜时，必定积聚无量的福德。藉由这些方式修持，一旦你被引介到更高的大圆满禅定与心性时，你终将体会到禅定真正的滋味。

接受大圆满教法的人，一旦初尝禅定的滋味，一切就会豁然开朗，你会发现自己无可回头地迷上了禅定。当然，适应新的习惯需要时间，不过如果你坚持并规律地修行，你的世界将以未曾想象过的方式开展。从那时起，禅坐将一点都不会令人感到乏味。

战胜怠惰

很多学生抱怨自己太过懒惰，什么修行也做不成，大礼拜更不用说。为了战胜他们的怠惰，我建议的方法是阅读往昔大师的故事，例如密勒日巴的传记。不过要注意，你精明的心很快就会找到方法来逃避这种启发之源。如果只靠这种方法，你很快就会变得麻木无感；一旦这种情况出现，那么即使释迦牟尼佛本人陪伴你一整个月，也无法保证你会变得较不怠惰。另一个克服怠惰的好方法是念诵祈愿文，请求自己受到保护，免于被这种沉闷与乏味的状态所困。供香、供灯，或每次修持前用心创造能激励自己的氛围，也会奏效。

找到激励自己修行的力量并不容易，即使是最老练的修行者，当他们忘记自己每天都步步接近死亡时，也会失去动力。至于那些需要照顾家庭或工作繁重、忙于糊口的人，就更难找到时间修行了。不过，讽刺的是，当我们有时间时，却缺乏动力与意志力来激励自己，结果是花了更多的精力看足球赛，而非修持佛法。

抓住一切机会修行

根据巴楚仁波切所说，我们应该如同饥饿的牦牛，见到草就吃，完全不去思考要留下一块草地以后再吃。应该将你拥有的每个时刻都用于修行，并且不要忘记计数。要牢记，除非心已调伏且正念圆满，否则无论我们做什么，用来摧毁我执与憍慢的方法都会反过来变成它们强大的工具。

你也应该在日常生活中修持，边工作边做大礼拜显然不可能，不过，你可以训练自己，每次走过一扇门或听到电话铃响，就想到“菩提心”。但是要记住，无论你用什么方法来提醒自己，很快都会变成老套，并且沦为另一个无意义的仪式。因此，要不断地更换提醒自己的东西，才能让修行保持清新。

修持佛法就如同剥除层层表皮。一开始，当你看到一层外皮时，唯一的选择就是剥掉它。如此之后，你很可能突然会被迷惑与怀疑所征服，甚至开始怀疑法道本身。不过，并非所有的怀疑都是有害的，有些是来自你很珍视的“分辨之心”(discriminating mind)，而有时，批判性的分析会有所帮助，特别是当“我执”对自己觉受的诠释暴露出错误时。但我们却很少去质疑它，事实上，我们总是轻易地就接受“我执”对各种事件的诠释版本。所以，如果你开始怀疑长久以来自己所接受的真理是否“真实”，这也许是佛法开始深入你心的征兆了。

虽然更有分辨能力可能是个好征象，但切勿停驻在你的批判上，你应该继续前进。因为，也许你在法道上成功地剥除了一层表皮而有了一点进步，但很快地就要面临另一层，而那也必须剥除。事实上，无论何时你被困住，解决的方案始终是剥掉另一层表皮。只有当所有这些“进步”与“困顿”的表皮都已彻底清除，你才会抵达法道的终点。

切勿忘记，我们修持佛法的目的是为了证悟成佛，而非仅只成为慈善家或关怀病房义工等仁慈善良的人而已，更非为了获得认可或奖项。菩萨乘的弟子们不仅渴望自己证悟，更渴望一切有情众生证悟，重点是：证悟成佛就是奖品。

座修的结尾

当你完成了每天要积聚的大礼拜数量之后，就直接进入下一项修持。当你生起菩提心时，你的皈依对象就是你修行的见证者；而且，在此座修持结尾时，他们化光，而后融入于你。或者你也可以想象他们愈来愈靠近，慢慢地融入于你，而与你无二无别。尽量地安住在这种不可言说的合一境界之中。

第八章 生起菩提心

这个世界上的许多人都很善良。吉美·林巴告诉我们，他这一生遇到过非常多的好人，但他又说，却很少有人了解什么是“愿菩提心”与“行菩提心”。

如我们已知的，“皈依”是解脱之道的基础。接着，我们要生起菩提心，它是前行修持的精华。

何谓“菩提心”？

概略来说，“菩提心”是令一切众生都究竟成佛的愿望。它是大乘法道的心脏、头脑、眼睛、血液与脊梁，是绝对不可或缺的修持。事实上，“菩提心”的概念是如此强而有力，仅只是珍视“将解脱的智慧传递给他人”的这个愿望，就是所有可能做到的供养中最广大的。

不过，即使是所谓的佛教徒也常会误解菩提心，以为它只比悲悯的慈爱更高一点而已。慈爱、悲心以及希望让他人快乐，是时下流行的理想，并经常升格被认为就是菩提心最重要的特征。但是我们忘了，若无菩提心就无大乘或金刚乘佛教，而这两个道乘的最关键面向，即是理解空性的智慧。若无智慧，悲心本身就非菩提心，反之亦然；这两种功德都极为重要。

大多数的佛教徒都了解菩提心与宽容、体贴、慈善的行为有关，却很少注意到它与理解“无二”智慧（无二智）相关的部分，而这正是菩提心很重要的一部分。然而，若是缺乏对菩提心的全面领悟，所有的佛法修持都将沦为心灵的唯物主义，因为它失去了使法道如此璀璨、鲜活的精华——菩提心。

根据噶玛·恰美（Karma Chagme）仁波切[1]的说法，唯一能将不善而负面的想法与行为转变为有益的，并将有益的想法与行为转变为解脱道的方式，即是透过菩提心。而为了让自己能生起菩提心，我们必须先创造某种因缘，也就是要先皈依、生起悲心并积聚福德。（要详尽且准确地理解菩提心对于佛法修持者的重要性，请阅读寂天的《入菩萨行》。）

菩提心——慈爱、悲心与“无二”的智慧

大乘修行者不仅祈愿所有的众生都能离苦，还要离于苦因，而苦因的根源就是二元分别的心。因此，菩萨不会局限自己于慈善或人道事业而已。如同吉美·林巴所指出的，世界上有很多良善并极具悲心的人，其中有些更是积极的人道主义者，但是，由于菩提心并不仅仅是对生命的慈爱与关怀，所以这些人并不必然都是菩萨。

---

[1] 噶玛·恰美仁波切是16世纪噶举派大上师，曾结合噶举与宁玛派教法，并且是伏藏师南却·明珠·多杰（Namchö Mingyur Dorje）的老师。——译注

那些为他人从事服务的人，有时可能基于完全错误的理由在做这些事。他们也可能变得执著于目标而毫无弹性，而且，如果工作未能如愿达成，他们会折磨自己，变得自责、内疚又愤怒，这些都是执著的副作用。如此一来，很良善的人会丧失信心、希望与决心；而想要成为菩萨的人，甚至可能会完全放弃追随菩萨行的努力。因此，无论人们表现得多么关怀、体贴，他们还是有落入深沉的自我中心之危险。而菩提心会被如此赞叹的另一个理由，就是因为它是对治自我中心最可靠的方法。

“菩提心”被误解的一个最明显的征象，是那些表现得温和谦卑、永保微笑、从不现出恼怒或生气样貌的上师，会被人们尊为“大菩萨”；而经常显现脾气暴躁，甚至可能责打弟子的喇嘛们，则被形容为“自大傲慢”。这种区分，很清楚地表示我们忘记了“智慧”是菩提心不可分离的面向。由于我们无法知道这些喇嘛是否完全证得菩提心，仅根据自己对他们行为的感知，就判断他们是否为菩萨，这是相当愚蠢的。这个例子在说明，误解菩提心就只是仁慈、温和与无私地关怀他人，是个多么容易掉入的陷阱。一旦我们掌握到菩提心更完整的面貌，才会开始理解到某个人是否为菩萨，并不在于他们的外表与行为，而是在于他们对空性的理解，而空性的精要即是悲心。

初学者修持究竟菩提心

你应该以“祈愿令一切有情众生获得证悟”的发心开始修持，并提醒自己：所做的这一切都是自己的想法，都是自心的显现。如此一来，你会离“空性”与“无二”的观念更近一点；同时，你也会很快发现，自己最多能做的，也许就是在智识上培养对空性的理解。当然，谈论、研读甚或尝试想象“空性”，相对上是容易的，但是我们所得出的结论总是会掉落在自己极其有限的逻辑禁锢中。我们智识版本的“无二”也许很符合逻辑，但在实际的层面上，“无二”却非常难以掌握。

如同龙钦巴所说，如何向一个从未品尝过盐的人解说盐的味道？我们所能做的，只是给他一些甜的东西，然后说：“盐不是这个味道。”当我们谈到究竟（胜义）菩提心时，也面临同样的问题。缺乏能够将它解密并诠释的语言，是我们无法彻底理解它的一个主要障碍。但是在修行中，究竟菩提心并非遥不可及，事实上，正好完全相反。虽然我们的目标也许是超越二元而达到“无二”，但是由于目前我们仍住于二元的领域，因此只能使用二元的方法来试图理解无二元分别。而且，虽然除此之外别无他法，但我们应该持续祈愿得到无二元分别的结果。

培养悲心的力量

除非我们能完整地理解菩提心，否则仍会持续地误认痛苦是真实存在的。其结果是，我们几乎必然会成为自己悲心的受害者，而且，若无法充分了悟“无二”，我们的所做所为也都将导致失望。例如，作为一名治疗师，你准备花多大力气帮助一个酒鬼或吸毒者？设想你的某个病人在未来的五千世都势必投生为吸毒者，作为菩萨的你，帮助她的决心应当非常坚定，以至于发愿生生世世都要在正确的时间与正确的地点投生，以便继续治疗她。

影片快转，来到第五千世。你的病人投生在一个荒凉而凄惨的国度，为了确保她永不投生为吸毒者，你所需要做的，就只是去跟她度过半天的时光。换句话说，你也因此必须投生到那个悲惨的地方，而且整个生命的焦点就只是让自己在正确的时间、正确的地点与病人度过那几个小时。要做到这点，你将需要拥有教法所描述的“力量”与“决心”，而唯有了悟一切现象的如幻本质（或说“空性”），你才有可能找到这种力量。

那么，如此无私行为所需的非凡悲心力量要如何培养？如何建立永不放弃的决心？何处才能让我们找到持续努力的信心与毅力？这每一项特质，都出自于了悟吸毒者、她的问题、她可以被治愈，甚至连她需要治疗的这些想法，都只是自心的产物，于心之外，无一实存。了悟了这个真谛，你就能培养强烈而真诚的悲心——菩提心。

某部般若经中叙述，曾有一次，有位菩萨修行者来找佛陀诉苦，他说，致力于帮助众生这么多年，他现在已经精疲力竭了。佛陀因而对他阐释了“时间是相对的”。菩萨乘的教法告诉我们，从首次受戒起，直到证得十地果位的最后一刻，菩萨将历经三大阿僧祇劫的时间。然而，十地菩萨的一个证量，就是理解所有那些无量阿僧祇劫的历程，都像火焰中蹦出的火苗一样瞬间即逝。

还有一次，有位菩萨告诉佛陀他非常气馁，因为帮助众生实在是太痛苦了，而且仍然还有那么多的众生需要被救度，佛陀举了一个譬喻来回答。他说，想象一位母亲梦见她的独子被湍急的河流卷走，在这极度的痛苦与绝望中，虽然她完全无能为力，但她完全不顾自己的福祉与安危；为了拯救孩子，她完全不在乎需要花多长的时间，也不考虑需要付出多大的努力，甚至愿意牺牲自己的性命。于是，在梦中，她跳下了河，由于坚定的决心与力量，她最后终于成功地救回了孩子，然后她醒过来。她在梦中所承受过的所有痛苦，所付出的一切巨大努力，以及为拯救孩子所投入的时间，实际上从未存在过；甚至她救了孩子一命的想法，也都是一个幻相。

这就是我们的真实状态，作为修行者的我们，应该记住这个真实状态。试图帮助众生是极其痛苦与困难的，然而，甚至当我们自认已从轮回噩梦中苏醒时，我们仍然还在做梦。不过，大多数的时候，我们所体验的一切因缘，都是设定来让我们相信梦境是真实的，很少会显示我们的存在其实完全是如幻的。

相对菩提心

若要让菩提心的所有面向都在心中自然生起，我们便需要经过一些认真的训练，而此训练的关键就是培养相对（世俗）菩提心。

相对菩提心有两个面向——愿菩提心与行菩提心。藉由四无量心*(four immeasurables）或其他的修持，愿菩提心能帮助我们生起利益他人的发心与意愿；修持行菩提心是实际去从事有益的行为，例如修持六波罗蜜多*(six paramitas，六度）——布施、持戒、安忍、精进、禅定与智慧。

我们很多人在某种程度上都修持过布施，例如丢一两个铜板给地铁里的乞丐；不过，如果要彻底地如教法所说的去修持布施，那就是完全另一回事。你能想象割下自己的手臂、大腿，喂给饥饿的老虎吃吗？这种无私的布施行为，在往昔的大菩萨中并不少见。然而，这并非初学者一开始就能直接从事的修持。

很多新生的菩萨在一时的启发之下，放弃了自己的一切——房子、家庭与所有的财产等——不过，常常就在几小时内，他们便懊悔自己的所为。因此，包括吉美·林巴等大师们都一再告诫我们，初学者不应想要立刻完成较为极端的修持，反而应该先修持祈愿，然后再慢慢进展到行菩提心与究竟菩提心 。

愿菩提心

相对而言，愿菩提心是初学者易于修持的。例如，愿自己作为国王是很容易的，你只要想：“我希望我是国王。”然后整天想象自己是个国王，并且将国王所可能拥有的一切，在脑海里布施给街上遇到的乞丐即可。如果你仔细想想，这类的愿心其实拥有无尽的可能性。例如，当你看到某人有所需求时，你就想：“愿一切众生都拥有他们所需要的一切。”

当然，你也很可能掉入一个陷阱，认为发愿根本毫无效果：“那只不过是个愿望！发个愿当然很好，可是改变不了什么，它与实际去做完全不同！”如此低估愿心的力量是很不明智的。在世俗世界中，所有的一切都是想法与愿望在起作用，因此，如果有人认为生起愿菩提心是“言行不一”，这是个错误的想法。其实，愿菩提心不但是“言行一致”的，而且还是我们心灵训练中很重要的一环。

那么，为何我们无法将菩提心付诸实践？主要的问题在于我们初学者缺乏决心，而且愿菩提心也相当微弱，因为我们仅有的发愿，就只是每天早上有口无心所念的祈愿文。因此，我们必须积极练习，让自己在心中生起一种强烈的渴望，愿引领一切有情众生获得成佛的究竟快乐。

如同龙钦巴所说的，“发愿”是我们初学者唯一的使命与任务。其原因不只是因为我们尚未证得初地菩萨，所以不可能在身体上或实际上做出更高阶菩萨的行持，例如砍掉一根手指去喂食大蜥蜴。首先，我们不知道自己的行为是否真能利益我们想要帮助的人。其次，由于我们的菩提心尚未成熟，尽管可能起步时极为热诚，但当对方无法改变或进步时，我们可能就会灰心、失望、愤怒，甚或决定再也不去利益他人了。

在《胜鬘经》（*The Srimaladevi Sutra*）中，胜鬘夫人许下了三个大愿，并自承若无佛陀本人的示现与加持，她不会有勇气如此做。首先，她回向自己所积聚的福德，愿能实现她的祈愿——在未来的每一世，都得以听闻佛法。其次，她发愿分享佛法给予众生，永不疲厌。第三，她发愿能永远珍视佛法甚于自己的性命与身体，并且将佛法付诸修持。这是我们所应仿效的人，因为尽管我们充满罪恶感，被责任所束缚，而且无休止地忙碌着照顾家庭与支付账单，但这些都无法阻止我们去修持愿菩提心。事实上，它是最理想的修持，而且我们也做得到。

将近三千年前，佛陀给了某位国王一些忠告，对于现今事务太多而忙不过来的人而言，这些忠告依旧适用。一方面，佛陀很同情国王管理国家的任务繁重，伴随而来的责任与义务也很艰巨；另一方面，佛陀也很清楚，无论国王如何努力，他很难每日每夜都修持菩萨行。所以，佛陀建议国王对证悟成佛生起强烈的愿心与渴望，在心中尽量地生起愿菩提心，并随喜他人的善行。佛陀肯定地告诉国王，将这些修持积聚的所有福德回向给自己的证悟，如此一来，他不仅能成功履行王室的职责，还能成就作为菩萨的责任，而且积聚无量的福德。

生起菩提心，并不单纯只是对那些我们认为需要帮助的人生起怜悯之心而已；比起衷心希望救度众生的愿菩提心而言，关怀他人的福祉是一种比较低程度的悲心。引介真谛给予众生，揭露并拆解缠缚他们的迷惑之网，或令他们由作茧自缚的自我局限中解放出来，难道还有比这更好的礼物吗？在祈愿令一切众生解脱，以及希望提供街头流浪儿童一顿热饭之间，两者根本无从比较。

想象喜马拉雅山中的某个洞穴里，有位瑜伽士在静坐禅修。他日复一日地修持相对菩提心，然而在此同时，他周遭山村里的婴儿们正以可怕的速度因饥饿而死亡。这些婴儿显然需要迅速而实际的援助，可是这位瑜伽士依旧在他的山洞里，思维他多么希望能引领所有的婴儿、他们的父母亲与一切有情众生都证悟成佛。无论从世俗的角度看起来多么怪诞，但这位山洞隐士远比最终提供人道援助的国际组织更值得礼敬。为什么？因为真诚且由衷地希望他人证悟成佛，是惊人地困难；只是供给食物、药品与教育，则容易得多。不理解证悟真正价值的人，很难接受这种看法。

寂天在《入菩萨行》第一品中指出：

> 是父抑或母，谁具此心耶？
> 是仙或欲天，梵天有此耶？[1]
>
> （是父亲或是母亲，或者还有谁有这样饶益众生的心呢？是欲天还是诸仙，难道修四无量的梵天发得起这种愿心吗？）

解救身体的病苦是一种世间行，而且只能短暂地解除痛苦；筹划一切众生的解脱，则是永久解决所有痛苦的方案。相对于仅给予我们短暂喘息的人，我们对那些希望永远除去我们所有痛苦的人，难道不应该更加感谢吗？遗憾的是，大多数的人都未能觉察这两者的不同，因为我们从未诚挚地希望他人达到证悟。如果有人提供我们一张通往证悟的单程票，我们一定紧抓在手中，根本不会想到要送给他人。

设想你得到了一剂灵药，喝下去就能获得天眼通与遍知力。你会把它全部喝下去，还是会与他人分享？在你决定之前，想一想，修行者如何经常嫉妒那些看似比自己更精进的法友，或者，当得知另一位同修接受了一个你未被邀请的更高法教时，你有多么嫉妒。如果心中生起真正的菩提心，你会开心地看到朋友们如此努力修持，并随喜他们所得到的一切教授。有一点很容易被遗忘，那就是假如有任何人证悟成佛了，就表示你的希望与祈愿终于实现了。

---

[1] 《入菩萨行》，第一品《菩提心利益》，第二十三颂。（《入菩萨行译注》，p8）

“发愿”使初学者谦逊

我必须强调，那些新出炉的菩萨们，他们的慈悲心、菩提心与自信心都尚待成熟，若是过速地采取行动或假想自己负有某种使命，是相当不明智的。如果你一定要有任何使命的话，那就是祈祷与发愿，愿有一天自己会成为英雄。你最不应该做的事情，就是从第一天开始就表现得像个英雄，那只会带来失望与挫折。如果你投入自己设定的菩萨事业，例如建造一所儿童医院或喂饱一整条街的乞丐，而且成功做到了，你很可能反而会受自我憍慢膨胀之害。相反的，如果你许下的愿望是祈愿所有病童都能得到治疗、所有饥饿的乞丐都能温饱的话，你的憍慢就不太会一发不可收拾，这就是我如此强烈建议初学者要发愿的理由。在发愿的修持中所含有的自然谦逊感，是使发愿如此优美的原因之一。

然而通常初学者都会认为，念诵祈请文与发愿都只是“行动”的次级替代品而已，因为当他们不忙碌时，就会觉得自己毫无用处。对我们而言，让自己有用以及做有用的事，都已成为极端重要的事。我们经常迫切地需要别人认为自己是“能干”或“有价值”的，但是“有用”与“无用”两者都是相对的状态，对于新手而言，祈愿自己变得有用，远比达成任何具体的事件更为重要。

如寂天写道：

> 路人无怙依，愿为彼引导，
> 并作渡舟者、船筏与桥梁！[1]

---

[1] 《入菩萨行》，第三品《受持菩提心》，第十七颂。(《入菩萨行译注》，p39)

（愿我充当无人保护者的依怙，行路人安心的向导，旅客们渡越江海的舟楫、船筏和桥梁！）

求岛即成岛，欲灯化为灯，

觅床变作床，需仆成彼仆！[1]

（愿我化为岛屿，让航行的船只栖泊；愿我化作明灯，为企盼光明的人照明；愿我变成床榻，供疲惫者休息；愿我成为温顺的仆从，服侍需看护的人！）

一再地如此发愿，愿自己得以有用，便会逐渐增长你的自信，增强你的心力，直到最终你自然而然变得有用。若无这样的信心与力量，任何单一、偶发的成功，也许会在一两天中让自己觉得很重要，但你很快便会失去它，那将是极大的幻想破灭。

如何关心他人？

我们为何要关心他人？特别是在今日，生活在贪婪、自私文化中的我们，大都只会关心构筑自己的安乐窝。我们自己渴望被关爱，也许就是“为何要关心他人”最有力的理由。在此末法时期的一个深藏的征候，就是很多人认为没有任何人会关心他们，因而尽一切努力试图从朋友、情侣甚或俱乐部会友的身上去感受爱。

传统佛教典籍在谈及“菩提心”时告诉我们，首先应从思维母亲孕育自己所经历的过程，作为我们练习对他人生起慈爱与悲心的开始。当然，

[1] 《入菩萨行》，第三品《受持菩提心》，第十八颂。（《入菩萨行译注》，p39）

我们也要知道，随着自己所处的文化与时代的不同，我们对于“母亲”这个概念也有不同的认知。例如，在这年代有许多孩子被父母忽略与虐待，因而无法对“母亲”这个概念自动产生好感，因此，他们可能不觉得这个例子会有所帮助。不过，这只是举例而已，你也可以选择去思维某位姑母、兄弟或好友，你知道对方爱你、关心你，只希望你过得好，跟你分开时会想念你，在午夜醒来时会担心你。然后，你再想象每个众生都曾经如此地爱过你、关心过你。

对于我们这种无明众生而言，当下的感觉与体验一定远比过去关系的记忆还要强烈。我确信，我们都能忆起十年前与自己很亲近、但现在几乎很少想到的人，如果我们连此生关爱过自己的人都会如此轻易忘掉，那么，要记得那些前世喜爱过我们的人，还能有多少指望？然而，有成千上万的有情众生，都曾为了我们而牺牲过自己的食物、财富与快乐，我们对于这种仁慈的惯性反应，不都是希望能够偿还这些债吗？可是，怎么做呢？我们要如何在此生偿还前世的恩情？若是我们无法知道他们到底是谁，又要如何给予他们食物、住所、财富与舒适？我们最佳的做法，就是平等地关爱所有的众生，尽一切努力带领他们证悟成佛。

有些修行者认为，最重要的菩提心是究竟菩提心，行菩提心比较不那么重要，而愿菩提心最不重要。不过，事实并非如此，菩提心的三个面向同等重要。大多数的时候，尤其对初学者更是如此，当我们一想到“空性”，脑海中立即会创造出一个空性的画面，而那与真实的状态正好相反。这就是为何要建议最好从修持愿菩提心开始，逐渐发展到行菩提心与究竟菩提心的理由。

我们生起悲心的对象

根据绒松巴*（Rongzompa）的说法，初学者应该以众生作为生起悲心的对象，但他并非指众生是真实存在的。众生是一种幻相，他们的本质是"空"的，然而对我们而言，他们的痛苦轻易可见，如同空中的彩虹一般。对如此的对象所生起的悲心，不会被执著所染污，也永远不会让你精疲力竭；这种悲心无所局限、无穷无尽，而且丝毫不缺乏智慧。

根据弥勒菩萨的《大乘庄严经论》（梵 *Mahayanasutraalankara*），我们生起悲心的对象——有情众生——分属若干种类：

- 渴望获得欲求之物的众生。
- 受其"敌人"（他们的情绪）所影响的众生。
- 饱受恶行苦果的众生，包括投生恶道，以及无法分辨对错而且不了解"因"、"缘"、"果"法则的无明众生，例如以为只有靠杀生才能生存的屠夫等。
- 持有邪见，因而承受了"额外束缚"者（除了身为无明众生之外，他们还接受了有神论者的教导，所以背负了更多需要被澄清的邪见）；以及喜欢世俗"有毒食粮"之享乐的众生。
- 因懈慢而"迷失"的修行者，以及那些具虔敬心、精进又不懈慢，但因走入岔路而选择了如自我解脱道等较低法教者。
- 仍需要积聚大量福德，所以尚属"力弱"的菩萨。

某些大圆满或大手印的修行者，如果他们修持的动机是基于对心性的好奇以及想要更加理解的愿望的话，或许也应当被加入上面这个清单。对于修持任何法道的任何佛教修行者而言，这都不是正确的发心，因为无论你修持的是止禅或大圆满，所有佛教的修行都应该发自对众生之苦的悲心。

愿菩提心——修持

如我们已知的，愿菩提心是初学者力所能及的法门。其修持从读诵大菩萨所著作的殊胜祈愿文（例如祈愿文之王，普贤菩萨的《普贤行愿品》），一直到避免任何可能会毁损你愿心的行持都包括在内。乍看之下，这非常直接明了，因为你需要做的一切就只是一再地祈愿众生证悟成佛。不过，它确实有其难度，因此，你应该想尽各种办法来维系这个修行。

举例而言，有时你会觉得自己在假装，无论你如何想要真诚地修持，感觉就是不对。或者，偶尔会感到真实，可是那种感觉立刻又消失了。所以，你要试着对自己的修持感到满足，无论感觉如何，甚至只是动动嘴皮而已都好，因为至少你已在付出努力。

众生是无明的，而且烦恼炽盛，我们今天渴望的东西，明天可能会完全排斥，心情也可能从一个极端摆荡到另一个极端，然而，我们对于自己真正想要什么却一无所知。即使你有钱能为朋友购买他们渴求的昂贵奢侈品，但你能够满足他们对于物质财富的贪欲吗？虽然大多数的众生还不知道，但他们真正需要的其实是证悟，所以，要靠你来替他们做决定。发下宏愿——“愿我带领一切众生证悟”，然后，无论发生什么状况，都要坚守纪律，依照自己的计划持续修行。下定决心，永远不要给予众生他们认为自己想要的，而只给予他们真正需要的，也就是免于二元分别、执迷与纠缠的自由，以及免于不断落入“好”与“坏”两种极端的自由。要记住，经由发愿的修持，所有这些都能实现，因此，即使你感觉自己是在假装造作，也只管继续修持。

有两种方法，最常用来生起菩提心：(一) 施受法；(二)“四无量心”的一系列观修法门。

施受法

施受法是一个极好的法门，因为它提供了一种引发悲心与菩提心的具体技巧。我们一再被告知，“自我珍爱”以及只顾自己幸福的习气，就是我们痛苦的根源与心灵之道的绊脚石，所以，对治它的方法显然就是珍爱他人。

这方法很简单。呼气时，把所有的快乐、美德与物质财富，毫无分别地给予每个众生；吸气时，吸进他们所有的痛苦、困难、障碍以及不善的念头与行为。

施受法让我们开始调整自己的发心，它也很可能是初学者的最佳法门。如同往昔伟大的噶当巴上师们所一再叮咛的：“给予他人所有的利益与收获，自己承受所有的损失与挫败，这是修持菩提心所需要培养的态度。”

现代人苦于一种严重的挫败，那就是缺乏自尊或一种健康的自我感觉。因此，一些新进的学生会问，如果在施受法中承受了他人的痛苦，是否会导致自己失去自信心？事实正好相反，我们身为菩萨所要培养的态度——渴望将一切美好给予他人，愿意承受所有的损失、不愉快或困难——不仅能巩固自己的信心，而且还能完全去除自尊心匮乏的状态。

寂天写道：

> 何需更繁叙？凡愚求自利，
> 牟尼唯利他，且观此二别！[1]

---

[1] 《入菩萨行》，第八品《静虑》，第一三〇颂。(《入菩萨行译注》，p174~175)

（这些道理明白易晓，何必再多费唇舌呢？愚笨的凡夫不断追求自利，却惨遭痛苦；牟尼一切智者一向利益众生，终成正觉。你瞧，这两者的功过得失差距有多大！）

若不以自乐，真实换他苦，
非仅不成佛，生死亦无乐。[1]

（如果一个人不能学习以自己的幸福真诚地去替换别人的痛苦，那么未来非但不能修成圆满的佛果，即使在生死中也不会有快活的日子。）

卑微的自尊从何而来？那些自尊低的人，通常有很强的我执，他们渴望凡事做到最好，因而每个所遇之人都给他高度的评价；他们认为自我被压抑而微弱，因此需要膨胀。不过，一旦我们培养了菩萨的心态，我们会几乎或完全没有我执，因此，没有"我"会担心把所有美好的事物都给了出去，或有不好的东西会前来烦扰。菩萨没有"我"作为参考点，因此，他们的自信持续增长，让"卑微的自尊"这种想法甚至连露出丑陋面孔的机会都没有。所以，不要害怕一再重复地实践愿菩提心。

四无量心

关于慈爱与悲心有一种普遍存在的误解，它绝对是错的，但是困难在于它也包含了部分的真理，因此很难纠正。以我们对自己宠物狗的爱为例，这种爱通常来自于我们需要陪伴以及绝对的爱慕与顺从——当我们要一条狗坐下它就坐下时，我们会感到很满足。在某种程度上，这是一种爱，可

[1] 《入菩萨行》，第八品《静虑》，第一三一颂。（《入菩萨行译注》，p175）

是它并不完整。深刻的爱是完全无条件的，毫无任何期待、个人的企图或自私的动机。若要对狗生起深刻的爱，不仅是要以喂它、带它散步、让它保持洁净等方式来关心它，而且还要在最可能的层面，给它发现佛法的机会，最终才能令它证悟成佛。

如同“四无量心”这个名词所表明的，这个修持包括四种观修，从任何一方面都是无量的，包括修持的对象——“一切”有情众生——也是无量的。

“四无量心”是什么？慈爱、悲心、随喜、平等舍。

慈爱——观修慈爱，能培养“愿一切众生永具快乐与快乐之因”的这种愿望。我们以如是的思维开始：“愿一切众生现在快乐，就在此刻”，然后思维现在正在忍受严重忧郁之苦的某个人。而当你思维：“愿一切众生快乐……”时，想象那个人得到了纾解忧郁所需要的一切，并发愿：“愿他得遇所有快乐之因，最理想的是得遇佛法。”

因此，第一个无量心是“愿一切众生永具快乐与快乐之因”。这与一般人道主义主张“给予”的想法不同，因为我们不仅是提供某个人一顿饭或一张床，而是给予每个人快乐与快乐之因。

悲心——在此，我们培养“愿众生离于痛苦与痛苦之因”的愿望。我们再度想到那个饱受忧郁之苦的人，以及世界上所有忧郁的人：“愿他们离于忧郁与忧郁之因。”在此，“因”是指他们的情绪、恶念与恶行。“愿他们当下就离于一切痛苦”，并且“愿众生避免杀生、偷盗、妄语与一切导致不快乐的负面情绪”。藉由这项观修，你不仅给予众生快乐与快乐之因，也使他们离于不快乐与痛苦，并且离于不快乐与痛苦之因。

噶玛·恰美仁波切曾说过，虽然所有众生都曾在过去某个时候做过他的母亲，但是由于她们毫无记忆，因此她们有可能会攻击他，或与他形同陌路。而在另一方面，我们知道自己与众生的关系，因此怎么能不友善地对待每个人？

这也许适用于所有的人。例如，如果你慈爱的母亲突然发了疯，而且攻击你，你的第一反应可能是担忧，随之而来的是对她涌现更深切的慈爱与悲心。

随喜——接着，经由生起一种愉悦的欢喜，我们培养“愿众生始终不离快乐与无苦”的愿望，“愿众生永远保持快乐”。

在“四无量”的观修中，“随喜”极其重要，因为即使我们许下“愿每个人都全然快乐”的愿望，我们仍然容易嫉妒那些看似比自己出色的人。羡慕与嫉妒是我称为“失败者”的情绪，对治此二者的方法就是生起随喜之心。

平等舍——最后，众生由于自己的执著与嗔恨而受苦，我们愿众生离于一切期望与恐惧，以及对世间事物（世间八法）的执著与嗔恨，以至于最终甚至连造作分别的想法都不会生起。

如是思维：

> 愿众生安住于平等舍，离于偏见、执著与愤恨；
> 愿众生离于期望与恐惧、贪欲与嗔恨；
> 愿众生无“家人”或“敌人”之念；
> 愿众生持平等心，不憎恨敌人，不贪执亲友。
> 以此，愿一切众生与诸法皆平等。

让这些想法留驻你心，就是平等舍的修持。

修行者必须投入时间与精力在心中生起这四种观修，虽然它乍听起来可能有点抽象，仿佛是在建造一座无尽的通天长梯，但是你要始终记得，这是修心非常重要的法门。菩萨需要建立起坚定不移的勇气与发心，因此你应该于此时此刻就开始。分别观修每一个无量心，首先应用在你所爱的人身上，然后扩大到朋友与邻居，最后到一切有情众生。这并不只是一厢情愿的一个修习，在究竟上，我们是在许下一个衷心的愿望，愿一切众生离于分别好与坏、对与错。

“无量”是个值得注意的用词。把这四者称为“无量”是有很好的理由的，我们应该以“道即是目标”的观点来理解它。在目前，当我们祈愿一切众生证悟时，我们自动会想象带领众生成佛是一个可衡量的目标，而且这个过程有个终点；不过，它其实并无终点，否则我们所观修的应该是“四有量心”。因此，我们必须习惯于这个观点：我们的心灵之道有个“无量”的目标，而我们以“无量”的态度与“无量”的发心来追随它。换句话说，它是无有目标、无有终点的过程，以及一个无有目标的动机。

行菩提心

六度

修持行菩提心就是实践“六度”的具体行持，“六度”包括修持布施、持戒、安忍、精进、禅定与智慧。为什么是六个呢？因为如同弥勒菩萨所指出的，我们需要这六者去对治他所谓的“偏爱”或“嗜好”的六种特定习气。而且，无论你修持哪一度，即使只是在初学者的层次上，如果你的发心是希望解脱一切众生，那么它就可以被归类为修持真正的“行菩提心”。

布施——我们有自认穷困的"偏爱"，而且希望被填满；对很多人而言，不忙碌几乎是无法忍受的。我们可以用布施的修持，来对治自己所有贫困心态的习气。

佛陀曾告诉我们，即使只不过布施一棵青菜，如果能把那棵青菜想象成自己的四肢或一大块血肉，那将会帮助我们习惯于更广大的布施。如同先前一再强调的，我们应该以渴望证悟成佛为发心，来向往真诚的慷慨布施。不过，我们想要被看成是好人或社团中坚分子的野心，或想要来生更为富裕的希望，经常将它染污了。因此，菩萨对微小而暂时的成就，必须习惯于抗拒其诱惑。

如同弥勒菩萨在《大乘庄严经论》中所说，对于菩萨而言，一个乞丐可以是圆满布施的"因"。所以，当你遇到乞丐时，要这么想："这个人正在给我一个机会，让我种下未来取之不竭的财富种子，他甚至可能是佛或菩萨的化现。供养这个乞丐，无论多么微不足道，我也许开始结个缘，经由此，有一天我能带给他证悟的无尽财富。"而金刚乘的教导则说，这个乞丐或任何讨厌鬼，可能就是你上师的化现。

持戒——我们还"偏爱"麻烦；为了挑战这种习气，作为大乘法道的追随者，菩萨应持守三种戒律：（一）摄律仪戒——避免诸如杀生、谎言或诽谤等恶行的戒律；（二）摄善法戒——帮助聚积良善功德的戒律，例如皈依、生起菩提心或修持六度；（三）饶益有情戒——利益他人的戒律。

顺便一提的是，作为菩萨的你，如果必须说谎或中断心灵修持才能持守饶益有情戒的话，那也只好这么做了。你必须永远从事利益众生所必要的一切，即使是必须违背前面两个戒律。

安忍——我们的另一个沉溺于其中的“偏爱”，就是易于被鼓动以及情绪极端化。我们需要以安忍来去除这个习气。

菩萨修持安忍有很多种不同的方法，例如，你可以自愿承受他人的痛苦与苦恼；或者，无论生命发生什么状况，你在修持上永不妥协，总是以佛法为优先；或者对于那些想要伤害或诽谤你的人，培养一种“毫不在乎”的态度。

我们可以从“相对”与“究竟”的两个角度，来检视永不妥协的佛法修持。如果有人伤害你，作为菩萨的你应该培养这种态度：轮回是苦，如同火是热的，痛苦无法避免，因此对施加痛苦给你的人，你没有失去耐心的理由。同时，由于轮回众生本具善性，他们施加的伤害是暂时的，因此你更没有失去耐心的理由。反而，恰如寂天所说，你应该扪心自问，为何在过去会造下导致他人伤害你的业因。

> 因何昔造业，于今受他害？
>
> 一切既依业，凭何嗔于彼？[1]
>
> （为什么从前要造下嗔害众生的罪业，以至于今生遭受报应而被人伤害呢？既然一切都根源于自己往昔的业力，我凭什么嗔恨害我的人呢？）

究竟的安忍，则是理解自己、伤害的行为以及伤害自己的人，这三者全都是幻相。这是我们应该培养安忍的方式。

---

[1] 《入菩萨行》，第六品《安忍》，第六十八颂。（《入菩萨行译注》，p106）

精进——无论我们如何坚称自己想要努力，想要真正专注在该做的事情上，事实是我们“偏爱”怠惰、散乱且完全漫不经心。对治这种状态的方法，就是精进。

“精进”是对菩萨道与菩萨行培养出喜悦。然而，我们生生世世只体验过追逐轮回的快乐，要对菩萨行生起喜悦是困难的；要端坐不动、禅修一小时看起来似乎是不可能的。因此，我们必须精进地利用一切可能的方法来增长喜悦，例如听闻佛法、思维佛法，或与具启发性的人聚在一起。

同样的，当不利的境遇与悲伤来袭，我们必须学会利用它们作为提醒，切勿过分专注于试图解决难题，通常它们都无法解决。反而，你应该转而思维轮回的艰难与过患，来帮助自己克服怠惰。

禅定——接下来的“偏爱”特别适合于现代人，对他们而言，个人“权利”、个人空间与独立自主的需求特别重要。我们常常大声宣告：“独立自主”是我们幸福的关键，但实际上，我们偏爱被奴役。我们性喜被其他人、事所统御，被锁链束缚，被抓着头发拖走，或被气氛、状况与处境所拉扯。为了战胜这项偏好，我们运用禅定的修持。由于这个修持什么都不用做，因此理所当然的，它绝对不会屈服于各种状况，而能远离奴役。

我们所面临的最大挑战之一，是无法一次专注在一件事情上，因此多世以来形成习于偏爱散乱的结果。这个老习惯，让我们难以超越自己的矛盾情绪所散发出来的炫目强光——因为情绪的强光经常掩盖我们。所以，我们必须不断地培养安住于不散乱的这种能力。

智慧——我们“偏爱”邪见（wrong view）。邪见是一个无限复杂又令人着迷的主题，不过简而言之，它就是任何一种极端的见解。

当事情未能依照自己所认为的方式发生时，我们会感到震惊，这就表示我们持有邪见。这是因为我们只注意到表层的因缘，而非更微细的层次。从表面上看，认为没有任何事物能无因而生，而且一切事物都是因缘之产物的科学观点，似乎是一种“正见”。不过，现在也有人几乎是以不相信“因”、“缘”、“果”的法则而自傲，因此也不相信转世。在逻辑上，这表示他们也不相信善与恶、善业与恶业的概念。所以，连我们这些自认是佛陀法教（特别是有关“业”的教导）的追随者，由于习性之故，在内心深处也都相信处境与事情都有可能随机出现，这并不令人意外。

“智慧”是菩萨最重要的特质，因为如同法称 *（梵 Dharmakirti）所说，无论培养深刻、宝贵的慈悲心有多么重要，这样做并不能从根本上否定无明。因此，只是培养慈悲心，无法根除轮回。

学生们经常会问一个问题：“在佛教中，‘罪’（sin）是什么？”从藏语翻译过来的“罪”通常是指“非善”（non-virtue），它是从这六种偏爱中衍生出来的任何东西，它可能是与某种偏爱或几种偏爱的组合，或是与所有的偏爱都同时有关。

在传统上，未修持六度的众生被形容为迷失在密林或沙漠中的盲人。形容他是“盲人”，是因为他不知道什么该做、什么不该做，而且没有朋友或导师引导他。他缺乏布施资粮的滋养，也无持戒盔甲的保护，他的安忍财富已然耗尽，推动他向前的精进也不够稳定，他因不具禅定而无处栖身。最糟的是，他没有可作为扶持的智慧拐杖。

不过，永远不要以为“六度”超出你的能力所及，因为如同寂天所说，没有什么是你不能习惯的东西。

究竟菩提心

如果你一开始接触菩萨乘的教法，就想要应用空性来对治我执的话，可能会有些困难。若是如此，最好的替代对治法，是单纯地生起令一切众生证悟的愿望（菩提心）。

然而，如果你接受过如何修持究竟菩提心的教授，无论是来自大圆满或大手印传承，或来自于修观，或“轮涅无二”、“乐空不二”，或单纯地就是空性的次第指导，那么你当然要依其修持。如果你尚未接受这些教导，作为渴望理解并修持究竟菩提心的初学者，听闻与思维究竟菩提心可以当成你的究竟菩提心修持。

座修的结尾

当你完成“皈依”与“生起菩提心”的修持时，观想资粮田融入于你，并将你的心与上师的心合一。然后，尽量地安住在这种不可分别（inseparability）的境界中（几秒钟、一分钟，甚或一小时），毫无任何造作。这可以被视为究竟菩提心的禅定。

修持“生起菩提心”的方法，通常是念诵法本。不过请记住，重复念诵前行的相关偈颂，而欠缺真诚地以众生证悟成佛为修持的发心，是完全无用的。

至此，你对如何生起菩提心来对治我执，应有更深入的了解。很显然的，我们永远不应以有一天会被公认为大菩萨的野心来生起菩提心。

没有人能一直只跟自己喜欢的人相处，因此，当你不得不与你非常讨厌的人共度时光时，用心去想些好的念头，无论它们看起来多么微弱、造作甚或虚伪。要提醒自己，你对他人的反应只不过是你自己对于“他们是谁”的诠释而已，而且你要反过来，试着站在令你烦心者的立场上去着想。你要记住，他们跟你同样的神经质，也跟你同样的被自己的强烈情绪所迷惑。或者，你也可以想象这个让你恼火的人，是诸佛与菩萨派来帮助你生起更多菩提心的人。

在任何情况下，永远要努力培养善心，因为善心毕竟是慈悲心与菩提心的关键。若无菩提心，你的一切修持将只会增强自己已经非常庞大的我执。有一颗善心并且修持慈爱良善（这是以不同方式形容同一事物），会是菩提心的种子；不过，除非你同时生起解脱一切众生的愿望，否则菩提心永不会在你的心中盛开。

对于在闭关中修持“生起菩提心”的人，资粮田的观想极其重要。它与你修持“皈依”时的观想完全相同，不过在此处，诸佛与菩萨示现来见证你的决心。在这些圣者面前誓愿引领众生证悟成佛，不仅能保护你免于障碍，还能让你对菩提心的感受更加真实，也因而更具利益与力量；它还将巩固你的神圣承诺，让你不会食言。

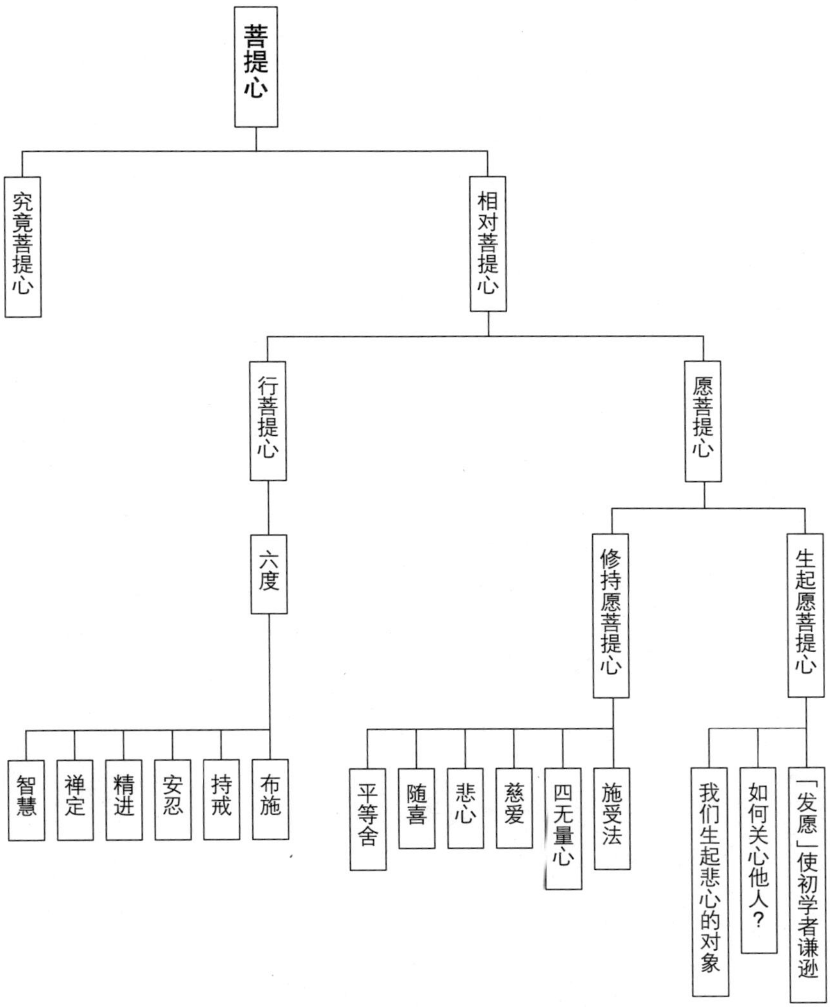

菩提心
究竟菩提心
相对菩提心
行菩提心
愿菩提心
六度
修持愿菩提心
生起愿菩提心
智慧
禅定
精进
安忍
持戒
布施
平等舍
随喜
悲心
慈爱
四无量心
施受法
我们生起悲心的对象
如何关心他人？
「发愿」使初学者谦逊

【图一】菩提心架构

第九章 净除蔽障的修持——观修上师为金刚萨埵

所有前行修持的精义，是要把习性上僵固的心训练得较为柔顺而灵活。我们每个人都因为僵固的心而受苦，为何会如此？大都是由于我们很轻易地就屈服于情绪的反应，以及令我们生起情绪的对象——期待与恐惧。长劫以来，我们一切的思维与感觉、一切的诠释，几乎都根基于期待或恐惧；而它们转而又将我们的心束缚于动荡的情绪之中，以至于心对情绪毫无任何控制力。因此之故，根据声闻乘的教法，我们需要“调伏”自心，菩萨乘的看法是“修”心使其有用，而金刚乘的观点则是去“认识”心。

然而，为了单纯起见，我们就用“修心”这个词。“修心”的第一步，是要反复地认知并思维轮回生活的徒劳无益。如我们已知的，持续珍惜世间法的任何面向，就会让我们基本的心态产生漏洞，最终将危害到我们的佛法修行。因此，真实地认知世俗活动、物质财富与人情关系都毫无实义，是极为重要的。如我们已知，思维四共加行（转心四思维）是个好方法，能让我们鲜明地认知轮回终究是毫无结果的。虽然佛法蕴含了广大殊胜的教法宝藏，但是只要将“转心四思维”的教法加以反复听闻或思维，就能积聚无量的福德。

经由修持“皈依”，让我们将注意力从错误的法道转入正确的法道；经由“生起菩提心”，让我们从窄道趋入宽途（小乘趋入大乘），这是前行修持的前两项基础。接着，“金刚萨埵”的修持教导我们如何清净承接佛法甘露的容器——我们的身、语、意。

根据金刚乘的说法，我们的色身与心同样都是法器，因此也需要清净；菩萨乘与声闻乘的传统则持不同观点，他们认为只有心才是法器，而且，虽然他们同意心需要调伏，却坚持身体只是心的奴仆，因而建议对待身体要如主人对待奴隶一般。作为奴仆，身体得以享有食宿的回报；然而主人必须小心不过度地放纵奴隶，以防被奴隶占到便宜。前文已引用过寂天的偈颂，这里值得再重复一次：

> 若仆不堪使，主不与衣食；
> 养身而它去，为何善养护？[1]
>
> 既酬彼薪资，当令办吾利；
> 无益则于彼，一切不应与。[2]

然而，从金刚乘的观点而言，色身是我们自己最明显而具体的部分，因而在法道上的每个阶段都可用它来作为工具，而非只是把它当作奴隶或容

[1] 《入菩萨行》，第五品《护正知》，第六十八颂。（《入菩萨行译注》，p77）

[2] 同上，第六十九颂。（同上，p77）

器。因此，身体每一部分的结构、感觉、健康与滋养，无论是内在的或外在的，在解脱道上都至关重要。

蔽障与染污——恶业

《本生鬘经》（*Jatakamala Sutra*）中说，每当魔众看到有人致力于解脱道时，他们就会大为恐慌。佛法初学者必定会在法道上发现许多无价之宝，但同样的，也很可能会搅动出许多障碍，这就引出了我们本节的主题——恶业。

在佛法中，“恶业”是描述蔽障与染污的多种方式之一，而蔽障与染污通常都会化现为障碍，那是我们需要净化的。然而，突发于你计划中的一个讨厌的小问题，到底是障碍或是加持，却很难说。有时，修行者历经很久的修持，但那些看起来特别顽固的障碍却似乎不被影响，以至于他们认为自己的修持无效。但他们错了。事后看来，他们才领会到，原本迫切想要除掉的障碍，其实却是发生在自己身上最美好的事物。这类的转变非常普遍，修行人有此经验之后，就会开始理解到“逆”境远比“顺”境更能为修行提供沃土。

那么，我们修持金刚萨埵法要净化什么？最关键的是，要净除我执所产生的染污。虽然它在本质上是暂时性的，并无任何一种特别难以净除，但是由于染污长久以来就是我们业力构成的一部分，它已经成为深植的习气，因而要区别“我”与“我的染污”，看起来几乎不可能。而正因为它们如此难以区别，我们努力去净除染污就更为重要。

对金刚乘的修行者而言，一提到“金刚萨埵”之名，自然就联想到“净化”与“清除”的原理。由于这两个词都意指“污垢”是存在的（由于缺乏更精准的语言形式，我们就只能使用“污垢”一词)，这就引起了我们极端的焦虑，唯恐染污与蔽障会曝光——大多数的人都会竭尽所能地去避免这种折磨，而宁愿专注于自己良善的品质。然而，净化染污就是揭露自己的佛性；如果佛性不是我们本具的一部分，那么，试图净化染污就毫无意义。这一点极其重要，因为只要我们理解这一点，就不会为了自己的过失而使情绪受到搅动。很多修行者忽视了“净化”的这个面向，却耗费所有精力，不肯承认任何个人的污垢，更不承认控制着他们的嗔恨、嫉妒与贪欲。因此，与其担忧所需净化的一切东西，更有效的是利用“金刚萨埵”的修持，来专注于揭露自己的佛性。

以清洗带有咖啡污渍的杯子为例，就很容易说明这一点。为何我们决定要清洗这个杯子？因为你希望它变干净。但如果杯子永远都是肮脏的，那么无论多么努力尝试，你永远也清洗不掉污渍，整个过程也会由于备受挫折而极度痛苦。这就是我们将“金刚萨埵”的修法要点想成是“揭露”佛性，而非“净除”染污的原因。但诸位也要牢记：佛法的教授，尤其是金刚乘的教授，对“污垢”并无反感；污垢并非杯子，而是全然不同于杯子的东西。

为何要观想上师为金刚萨埵？

你的上师即是你虔敬心与福德的投射，而虔敬心又是你佛性与福德的显现。若无福德，你就无法在遇到上师时认出他来，或一如提婆达多，觉察不出上师的一丝功德。因此，在认出上师的能力上，福德扮演了极重要的角色，而虔敬心就是这种福德的体现。

在前行修持的过程中，上师的角色会发生转变，就如同一个女人的角色会随着她各种互动所需的目的而转变一般。对她的母亲而言，她是女儿；对她的丈夫而言，她是妻子；对她的雇主而言，她是清理屋子的人。同样的，一切诸佛与菩萨本质上完全同一，但由于我们是二元分别的众生，因此，每位佛与菩萨不同的名号、颜色与外貌，能帮助我们聚焦于特定的工作上。在此修法中，是将你的上师观想为金刚萨埵，来净化你的染污。

从技巧上而言，另外一个很好的净化蔽障方式，是观想莲师（而非金刚萨埵）在你的头顶，并持诵金刚萨埵百字明咒、六字金刚萨埵咒或十二字莲师心咒——金刚乘确实是各种不可思议法门的宝库。然而，净化蔽障的力量总是与金刚萨埵连在一起，因此，他的修法是被公认最殊胜的净化蔽障法门。佛教史告诉我们，金刚萨埵如此巨大而惊人的净障能力，源自他在菩萨因地时所发的大愿；他发愿一旦证得佛果，仅是他的名号，就足以净除甚至最严重的染污。

在此修持中，我们观想上师为金刚萨埵。学生们总会问："为何不直接观想上师本人？"在此，将上师观想为平常人的一个风险，是当你忏悔时，可能会想有所隐藏。毕竟，如果你的上师只是个平常人，他怎么会知道你是否完全坦白？不是有很多次，都显示出他对你的许多做为全然不知吗？而这种明显的了知落差，不就让我们在某种程度上更确定他并非全都知道吗？我们都受了制约，因此不会在上师面前行为不端；但如果我们背着他所做的事被他知道，我们会极为尷尬。所有这些状况，都会使得我们对上师培养强烈虔敬心或视上师为佛，变得更加困难。因此，我们要将上师观为遍知佛陀金刚萨埵，他了知过去、现在与未来的一切；面对他，你无所隐藏。这是坦承自己所有可耻恶行的良机，而且你会发现，一旦忏悔了，你就会感到极大的解脱。

虔敬心——深信咒语与观想

米庞（Mipham）仁波切在其对《幻化网根本续》（*Guhyagarbha Tantra*）所做的释论《秘密藏密续现观论》中说，无论修持何种坛城本尊，你的观想必须清晰而生动。不过，对于观想有困难，只能观出模糊、抽象的概略形相者，如果对上师、法道与咒语的效力具有真正的虔敬心且深信不疑的话，无疑地仍将获得一切共通与殊胜的心灵成就。

虔敬心有很多层次，最殊胜的虔敬心是对本尊与咒语之无二无别，具有绝对的信心。如果你还无法生起最殊胜的虔敬心，那就尝试发展出不动摇的虔敬心，也就是对佛陀与上师的教导深信不疑，以完全成就咒语与观想的修持。

对咒语之力的虔敬与信心也极为重要。作为前行修持者，当你念诵百字明咒时，即使在座修中的心既狂野又混乱，你也必须以专一的虔敬与信心，相信心咒即是金刚萨埵佛本身。米庞仁波切写道：缺乏智慧而无法领悟密咒乘（mantrayana）甚深意义的人，由于他们固执多疑、不断分析的心制造出许多内在障碍，因而不可能获得成就。无论心如何散乱或游荡于十方，密咒修行者也必须完全相信咒语宏大的力量；即使天空不再，咒语之力依旧长存。

四种力

令金刚萨埵修法见效的关键因素包括：

（一）对金刚萨埵可以净化自己的能力所深具之信心；

（二）对过去、现在与未来一切恶行之真诚忏悔；

（三）永不重蹈那些恶行之坚定决心；

（四）对修持之力的坚定信念。

现在，我几乎可以听到你在想："我很确定我一定会犯下恶行！我控制不住自己！所以，我也许最好别修金刚萨埵法了。"这种念头，代表了你只从字面上来理解这些讯息。要记住，你是个"修行者"，这意指你的修持是要让你慢慢地习惯于新的行持与思考的方式，没有人指望你立即就能守住所有的誓言（尽管你始终应该竭尽全力去做）。

即使你想不起来此生做过何种错误或悔恨之事，但你能确信永远都不会吗？过去世你也从未犯过任何恶行吗？无论你意识到自己的恶行与否，重要的是忏悔自无始以来所做过的每一个恶行，并且下定决心永不再犯。你必须相信上师金刚萨埵（Guru Vajrasattva）是真正的遍知、全能，具足大力与悲心，当你修持时，他就在你面前，而且你的修持必定见效。

观想

想象自己为平常的样貌，具有染污等一切，然后观想上师化现为上师金刚萨埵的形相于自己的头顶上。他应如水中倒影般显现，也许最初略显空洞、呆板，但逐渐地愈来愈生动。（要知道倒影如何显现，就看看自己在镜中的面容，当你移动时，你的影像也随之而动。）

金刚萨埵全身白色，佩戴各种报身的庄严，并拥抱着佛母。右手持金刚杵，置于心轮处；左手握铃，置于左膝上。在他心间现出一小月轮，月轮中央竖立着"吽"（HUM）字。你毫无怀疑地确信金刚萨埵是一切诸佛之心的化现，并以全然的信心强烈地引请他，深信他就坐在你的头顶。

流下甘露

当你念诵百字明咒时，观想从“吽”字放出无量光芒射向十方*（ten directions），并涌出无量的供品，例如鲜花、熏香、印度浴堂、华屋、园林、孔雀、大象等各式各样你所能想到的美妙悦意之物。这些供品随着光芒，敬献给十方诸佛与菩萨，然后，光芒带回诸佛与菩萨的加持，收摄回上师心间的“吽”字。继续念诵咒语，从“吽”字流出如光或牛奶般的甘露，充满金刚萨埵的身体，然后从他的密处流入佛母的身体，充满她全身。甘露源源不断地从“吽”字涌出，自两位本尊的各个毛孔，尤其是他们的密处溢出，如瀑布般流下，自你头顶的梵穴倾入。

当甘露流经你额头时，它将所有的疾病、蔽障、染污与恶的能量都冲刷而出，经由你的肛门、密处与足尖排出体外，所有身体的疾病都化作脓与血离开你的身体。想象它净除了所有与“身业”有关的染污，即杀生、偷盗、邪淫所积聚的恶业，以及所有身体上的疾病与症状，例如头痛、胃痛等任何属于“脉”的染污。“脉”是遍布全身的能量中心与输送通道。当我们杀了人、吃了被蒙蔽者或破戒者所准备的食物，以及与这种人相处或于其住所驻留，“脉”就会被染污。我们在金刚萨埵修法中将堵塞并生锈的“脉”与“轮”*（梵 chakra）加以清理，如同以强烈漂白剂清洗厕所一般。

你可以在观想中具有创意。例如，当甘露流下并净化时，你可以想象身体真的开始变色。依此，当甘露流至额头时，你的头颅上半部就因清净而变白，而身体其他部分仍然暗黑肮脏。这种方法能增强你观想的力量，如果你认为可能有用，不妨一试。

再次的，请记住自己只是个初学者，因此，期望在一座修持中就建立起所有观想的细节，是不太明智的想法。当然，如果你能做到，那就应该尽量地详细观想；否则的话，尽力即可。

如果你正在积聚十万遍百字明咒的念诵，你可以在每座练习中，分别着重不同的面向去观想。例如，第一天，边持咒边集中观想金刚萨埵在头顶上。第二天，着重于心间的“吽”字，其余部分可以稍微模糊一点。第三天，着重于甘露流下。到第四天，则将前三项全都一起观想。如果时间很充裕，你也可以用一周或一个月的时间只观想甘露流入额头，然后再花一周或一个月的时间观想甘露流至喉部。若时间不多，则只花半小时观想甘露流至额头，再花半小时观想喉间。或者，你可以尝试花十五分钟、五分钟或两分钟练习各个不同的阶段，这完全由你决定。但是，务必保持灵活。

当甘露流至喉咙时，虽然严格来说它能净除一切染污，但你可以想象它特别净除了有关“语”的染污，例如妄语、恶语、恐吓语、粗话、绮语与持咒时所犯的错误（缺字、增字、发音不准确等）。同时，它也净除了有关“语”的失序与恶的能量，例如，常被误解（当你说“右”时，人们却认为你说的是“左”）；或虽然你心地善良，但你所说的一切却引人厌烦，那是因为你的语言或指令缺乏力量或诱惑力，甚或是诱惑力太多之故。

对金刚乘的学生而言，净除“气”或“内气”*（inner air）的染污特别重要，而金刚萨埵修法就是最能达到这个目的的方法。有很多种状况会损害或染污我们的“气”，例如呼吸到不好的空气、抽大麻或雪茄、饮酒、诽谤金刚乘上师、对清净现象做二元分别的判断，或只是吸入了不好的薰香等。我们每天都在各种不净之物中呼吸而染污了自己的“气”，因此有必要加以清除与净化。

一个极为有力的观想，是想象甘露流经你的身体，带走“气”的染污，并以黑色液体的形式从肛门、密处与足尖排出。然后，所有“气”中恶的能量，则化作蝴蝶、蝎子、昆虫与其他动物离开你的身体。

当你持续念诵百字明咒，甘露流到你的心轮时，它净除了一切与“意”有关的染污，例如包括由于嫉妒、竞争心、嗔恨、自私、憍慢、贪欲、嗔恚、邪见等所造下的恶业，以及以心灵修持为名而献祭生灵的边见所造的恶业。我们在前世必定已经累积了许多这种染污，并且仍持续地受到染污。另外，还有许多“意”所受的干扰，是由于“明点”（即精滴［drop］或菩提心）受到染污的结果，诸如忧郁、焦虑、神经质、暴食等，甚或鼓动我们要比别人更快获得证悟的一种近乎疯狂的极度野心，而这些都只是明显的例子而已。此外，我们绝对还有许多其他与“明点”有关的微细染污，它们在根本上分离了主体与客体。而我们无法融合主体与客体以及显现与空性，就是最微细的一种染污。

另外，还有很多有创意的方式来进行这项修持。你可以一步步地从头顶、额头、喉间等依序观想，也可以全部一起观想，更可以分阶段修持。例如：第一天，净除“脉”的染污并接受宝瓶灌顶；第二天，净除“气”的染污并接受秘密灌顶；第三天，净除“明点”的染污并接受智慧灌顶与文字宝句灌顶。你可以自行决定要如何修持。

虽然主要的灌顶在“上师瑜伽”时才进行，但我极力鼓励你如是理解：净除身体的染污与“脉”的蔽障之后，你也接受到了宝瓶灌顶；然后，当甘露流经喉间时，你接受了秘密灌顶；而当甘露到达心间时，你接受了智慧灌顶与文字宝句灌顶。（有关四种灌顶更详尽的说明，请见第十三章。）

最后，观想一切脏污的甘露融入大地，或消融于空性中。

观想“融入”

当你完成预定的百字明咒念诵数量后，上师金刚萨埵融入于你。有关

"融入"的过程已于第五章阐明。在此，我只想补充，因为这是如此强而有力之修持，你可以一而再地将本尊融入自身，并观照这种"无别一体"。如此，你显示你即是佛，而且自无始以来一直都是。同时，你无须等到修持的最后才将观想融入，你也可以在修持中途——例如在每念一轮念珠结尾时，就观想金刚萨埵融入于你，然后在下一轮念珠开始时重新建立观想。这是一个很好的方法，我推荐给那些有充裕时间修行的人。

在一座修持的结尾，金刚萨埵最后一次融入于你，与你无二无别。安住于此境界中，并观照此"无别一体"。

如果你修的是《龙钦心髓前行》，此时你仍然自观为金刚萨埵，并念诵："嗡·班杂·萨·埵·吽"（OM VAJRA SA TVA HUM）。由于你已经清除染污并净化，因此，当你念诵此短咒时，单纯地歇息于"自己就是金刚萨埵"的信心中。无须顾虑这种境界的消失，它将自行消失——如果你够幸运的话，也许能安住于这种境界大约半秒钟。

三昧耶

大多数的法本在《忏悔》的章节中都包括了"三昧耶"（samaya）的内容。修持金刚萨埵法的人，需要遵守三个共同的三昧耶：（一）不伤害众生；（二）帮助众生；（三）保持清净显相，尤其是对上师的清净显相（净观）。

什么是"三昧耶"？作为金刚乘修行者，我们同时修持三乘 *（three yanas）——声闻乘、菩萨乘与金刚乘，因此稍微了解每一乘的"三昧耶"理论，可能会有所帮助。

在声闻乘中，"三昧耶"被理解为有如围篱，它立基于不伤害众生的原则，因此我们戒杀生，戒妄语，戒偷盗。根据这个系统，如果你依循心灵之道前往证悟之巅，“三昧耶”这道围篱将一直保护着你的道途，确保你永远不会试图想要冒险走入歧途。

菩萨乘比声闻乘见地更为宽广，更取决于发心，因而菩萨乘的围篱也更高、更宽。依据菩萨乘的见地，如果偷盗能够在某种方式上利益他人的话，那么，若你不偷盗就是毁犯了三昧耶。但同时，“利益他人”并非成为某种现代的罗宾汉；真正的利益他人，是指带领他们得到证悟。

保护金刚乘弟子的围篱就更加复杂了，因为它基于清净显相的培养与维持。金刚乘中有许多三昧耶，除了至少有“十四根本戒”*（fourteen root samayas，十四条根本三昧耶）之外，所有的三昧耶都很难持守。例如，认为某位女子美丽而另一位丑陋，就是破坏了“金刚身三昧耶”（samayas of vajra body），但如果你能持守此三昧耶，那你早已彻底消除一切二元分别的念头了。第八条根本三昧耶是禁止你不当地对待身体，从本质上而言，你的身体就是五方佛部，因此蔑视与虐待身体都是毁坏三昧耶。我也必须补充，如果有人认为自己毫无价值、一无是处，于此世间纯属多余，那么他也毁犯了此三昧耶。第七条根本三昧耶要求你将上师、修法与所有修法所依物，都保守秘密，这对现代人而言极难做到。现今，连持守教法的时间、地点这种最普通的秘密，其目的也会被严重误解，使得那些不在名单内的人感到嫉妒与被排斥。从更隐微的面向上来看，当密续上师告诉学生对某个指导要保守秘密，学生往往不知，他们若能依此而行，修行就更容易增长而成熟；但他们如果到处对外宣扬，很可能就会招来资讯不完整的各种反应，因而开启了障碍之门。

别解脱戒*（梵 pratimoksha）如同陶罐，一旦破碎就很难修补。因此，如果某个声闻比丘未曾放弃戒律，为了满足欲望而与女性发生关系的话，此生他就不能再重新受比丘戒。然而，菩萨戒与金刚乘戒却如同金罐，虽然金刚乘初学者每天都绝对会毁犯这些戒律与三昧耶，但只要留意照护，毁犯的戒律很容易就可以被修复（例如藉由念诵百字明咒），这如同优秀金匠修补过的金罐，甚至可能比之前的还要精美。

莲师曾说，金刚乘修行者的见地应如天空般广阔，而其行为应如面粉般细腻。但我们如何在这么多矛盾之下，还能持守所有的规矩呢？我们所能做的最佳状况，就是遵守别解脱戒与菩萨戒，然后至少努力去理解金刚乘戒。对初学者而言，绝不可能持守所有的金刚乘戒与三昧耶；因此，应着重于不伤害众生，尽力地帮助众生，并发愿能持守三昧耶。

第十章 供养曼达

经由修持“金刚萨埵”清净自身后，现在我们要准备各种必要的工具，以“供养曼达”来积聚福德。

福德

什么是“福德”？从某种角度来看，福德即是“能力”。事实上，它是让我们得以听闻、思维、修持佛法，包括生起好奇心的能力。现今，我们的福德非常有限，以至于大多数的人都无法认知佛法有多么珍贵。我们不仅由于缺少福德而无法修持佛法，甚至少到连享受轮回的生活都不可得。

我们如何诠释外在世界的讯息与经验，完全取决于自己积聚福德的多寡。例如，“无常”一词是什么意思？从最粗显的层面而言，拥有极少福德的人认为“无常”即是死亡、衰败或四季的变迁。然而，一旦开始积聚福德，我们的理解就会变得较深入而细微。想象你正在体验片刻的快乐时光，如果你拥有一些福德的话，就能在某种程度上诠释并理解“无常”，还能观察自己的情绪由不快乐转为快乐，然后又回到不快乐；这样的观察，使你可能感受到的任何失望与期待都变得不再那么强烈。

积聚福德的一种方式，是供养或布施食物、钱财、鲜花、音乐等。不过，多数的现代人为了避免浪费，更喜欢将钱花在“有用”的东西上。所以，我们很容易理解为何荟供时供养酥油灯与大量昂贵的饮食，会让人们觉得浪费。

纽舒·堪（Nyoshul Khen）仁波切曾告诉过我一个故事。有位法国女子向他请求大圆满教法，并引导她认识心性。这个请求相当不正式，或许只是一时兴起而已，但纽舒·堪仁波切认为，在此末法时期仍有人对甚深法教怀有兴趣，因此使他感到启发而同意了。大圆满法是极为珍贵的教法，学生们需要积聚大量福德才能接受并正确地听闻，纽舒·堪仁波切观察到她需要积聚福德，于是就建议她先做个荟供。她非常高兴地接受了建议，就随同仁波切一起前去采买。

巴黎是个购物的好地方，这位女子很快就买了一些大约价值一欧元的巧克力。她请堪布看看这些巧克力是否足够作为荟供的供养。这个问题很难回答，因为佛法——尤其是大圆满法的教法——是无价的，即使供养三千大千世界的一切，也不足以求得大圆满法的一个字。所以，对一条巧克力，堪布能说什么呢？但考虑到也许她不是很富有，堪布什么话也没说，就继续与她一起购物。不久他们来到巴黎一家时尚百货公司的香水专柜，让堪布惊讶的是，这位女子毫不犹豫地花了相当于十欧元的钱，买下了一瓶她最喜欢的香水留给自己使用。

现代人缺乏福德去聆听佛法，也欠缺福德去听见其中真正所表达的内容；而且，经常在我们受过多次的佛法教导中，就会漏掉该次教导的重点。我们无法专注聆听，有时根本就没有听到，因为心太容易散乱了。即使确实听到了，也不会从其他角度去真正地听闻、理解与思维自己所学到的内容。结果是，对那些经由我们筛子般的心所意外掉落进来的一些讯息碎片，我们却极为严肃地看待。

悲哀的是，我们不再具有足够的福德能遇见伟大的上师，或从他们那里领受法教。然而，即使我们现今的虔敬对象无法与往昔的伟大上师相提并论，若是我们能增加福德的储备，也就没有关系了。巴楚仁波切在他的一个故事中，说明了福德如何发生作用。一位西藏老妇人要求儿子为她带回一颗佛陀的舍利，以作为修法时的虔敬对境。不巧的是，儿子忘了自己的承诺，为了不令老母亲失望，他不得不拔下水沟中的死狗牙齿冒充为佛牙。然而，老妇人对这颗牙齿具有非常强大的虔敬心，不久后，狗牙居然变成了真的佛牙，并且神奇地生出许多舍利。

福德愈多愈好

你可以亲自试验并体会一下福德的力量有多大。先读某一本法本一遍，然后以你最大的专注与决心，认真地供养曼达几次。然后再去读这本法本，你会发现自己的理解转变了，比起以前只能浏览每章节的要点，你现在能更精确地理解每个字的含意。你也应该尝试在供养过一些曼达后，回到先前让你感到厌倦的老师那里去领受教法，你的体验将会完全不同。如果在供养曼达前，你定不下心来，而且到处游荡的心让你感到沮丧的话，就先做“止”的修持。同样的，你修持的体验也将发生转变。

具有福德因而能接受法教是一回事，具有充分的福德能听闻法教，并且能正确地听闻，又是另一回事，因此之故，在法教开始之前的“供养曼达”传统，于焉建立。我们不仅在理解佛法的能力上需要福德，在法道上的其他每个步骤也都需要它，其中包括能真正地理解上师。具有足够的福德，你就能在上师生病、打哈欠或表现出愤怒时，以有益的方式来理解他的示现。这不正是你想要的吗？如果缺乏福德，即使上师像个天使，你也会找到批评他的理由，因而无法从此缘中受益。

福德如何产生？

在“皈依”部分曾提到，我们可以经由两种不同的资粮田来积聚福德。而佛法的独特处之一，就是这两者都同等重要。

让我们迅速地趋近实相的行为或条件，就能产生福德，而非只能藉由良善的行为，或针对短暂世俗成就（例如长寿或投生善道）的行为，才能积聚。当然，福德是有这种作用的，例如：如果慷慨施舍财物，我们就能获得丰裕的财富；如果具足安忍，我们的外貌就会吸引他人等。但严格说来，如果你未将世俗善行的结果回向一切有情众生的究竟证悟，而且这些善行也未能让你更趋近真谛的话，纵然它所造的善业可能让你感觉良好，你也无法积聚追求证悟者所渴求的那种福德。然而，如果刹那间你做了更趋近真谛的善行，无论它如何令人不快或不流行，也远比参与那些盛大、欢乐又夸张，却只能带来投生善道或其他世俗恩赐的善行活动，来得更有价值。

换句话说，你所积聚福德的“量”与“质”，并非取决于积聚的方法。依据菩萨乘的说法，某个行为所积聚的是福德或只是善业，取决于它是否基于二元分别的见地而行。例如，以二元分别的见地供养一公斤黄金，不必然就比供养一颗葡萄能积聚更多的福德。如月称

（Chandrakirti）[1] 所说，若无布施者、布施物与受施者的参考点，才能称这种布施为“出世波罗蜜多”；若对布施、布施物与受施者仍有极微细的执著，这种布施则称为“世间波罗蜜多”。[2]

至于积聚福德能用的方法，其种类繁多，例如：慷慨布施、持戒、安忍、以实物或观想做供养、忏悔、随喜他人的好运，以及生起慈悲心与菩提心等都是。此外，皈依也是一个重要的方法。还有，祈请圣者转动法轮、长久住世也能积聚福德，它能让我们去除因过去世制造障碍而让人无法接受法教所产生的业果。

大乘佛法提供了结合智慧与方便的各种绝妙法门，既容易实践，又能带来不凡的结果。你也许会以为，想要积聚无量福德就得付出超过自己能力所及的巨大牺牲，例如供养自己的皮肉、骨头或房子等。但物质的供养并非我们唯一能做的，如果是的话，它就不是一个实际可行的系统了，因为我们绝大多数的人对这种激烈的行动都力有未逮。所幸，大乘法道具有适合所有修行人的智慧与方便，而非只适合富裕者。它提供了观想供养的方式，能积聚与物质供养完全等量的福德；换句话说，大乘之道简单、愉悦、不麻烦，但它的方法却能获得和物质供养等量的福德与智慧。

---

[1] 月称（Chandrakirti，600~650）为中观应成派论师，师承佛护的弟子莲花觉，主张性空缘起，说世俗谛和胜义谛皆无自性，他发扬佛护的传统，对论敌的观点采用“应成论式”，严格地只破不立，以破显宗，因此被称为“随应破派”或“应成派”。其著作有《入中论》、《明句论》、《七十空性论释》等十余部论著。其学说经由阿底峡完整地传入西藏，经宗喀巴等人的提倡而广传于西藏。——译注

[2] 《入中论》，第一品《菩提心欢喜地》，“施者受者施物空，施名出世波罗蜜，由于三轮生执著，名世间波罗蜜多。”（《入中论讲记》，月称论师造论 / 法尊法师译讲，p28，台湾：佛陀教育基金会，2002 年）——译注

七支供养

“七支供养”是这些殊胜的法门之一，它包含了七种不同积聚福德的方法，而且每个方法都有其特殊的目的。这些供养是：（一）礼拜；（二）供养；（三）忏悔；（四）随喜；（五）请转法轮；（六）请佛住世；（七）福德回向。（你可以选择任何一部佛经或法本里的《七支祈请文》来念诵；同时，你应参照传承仪轨本文与释论，来了解它出现在你的前行的哪一部分。）

礼拜

我们以大礼拜来摧毁自己最顽强的外壳——憍慢。一个人若是充满憍慢，证悟的功德就无从增长；而缺乏证悟的功德，菩萨的利生事业就会受到阻碍。除此之外，憍慢的本质是缺乏安全感，更会造成许多层面的伪善。

想象你将身体的数量倍增，因而有成亿成兆的“你”在皈依对境面前做大礼拜。佛陀说，这个做法能让你自己与你在想象中所做的每个大礼拜，都积聚完全等量的福德。

供养

对治悭吝的方法是做供养。悭吝根植于贫困的心态，它与物质匮乏无关；世界上有许多人身拥巨大财富，却仍经常感到缺乏某些东西。悭吝的一个副作用是心胸狭窄，而一个心胸狭窄者与人相处，永远都发展不出令人感到轻松愉快的品质。

你所供养的物品毫无数量上的限制，它可以如天空般无限！虽然，“无限”的供品从我们的耳中听来，似乎就是堆积起如山的奢华物品，然而，即使只是几粒谷子，供养也可以是“无限”的——如同小男孩“月官”

（Chandragomi）所做的供养。

月官的家境清贫，为免饿死，他的父母、兄弟、姐妹都被迫去乞食。一天，当月官出去行乞时，他注意到路旁的寺庙里供奉着一尊观世音 *（梵 Avalokiteshvara）菩萨像。他被这尊菩萨像的慈悲面容所吸引，于是把当日上午乞得的一些谷子撒向菩萨像的手上。令他诧异的是，无论他如何小心翼翼地供养，谷子总是从菩萨的手中滑落到地上，他再供养一些，谷子依然滑落到地上。于是，月官开始担心，是否观世音菩萨由于某个原因而不接受他的供养。他不断地朝口袋深处再掏出一些谷子来供养，直到最后一粒不剩。至此，月官感到十分沮丧，他眼含泪水、满怀歉意地向观世音菩萨说："我现在已经没有东西可以供养你了！"就在那一刻，这孩子深信观世音菩萨真的就在面前的那种专注力量，让菩萨像活了起来，并且以紧紧的拥抱来安慰他。

显然的，我们都应该去做物质的供养，但对初学者而言，也许做观想供养的风险较少。当阿底峡吉祥燃灯尊者来到西藏时，他建议西藏人做水供（这就是西藏佛寺中供有许多碗水的原因），因为供养应该要彻底、全心全意地去做，不应有任何后悔之念，或担心"供养会被谁拿走"、"供品会被拿去做什么用"等这一类的想法。对初学者而言，供养水比较容易如此做到。

在你的心眼之中，观想所有各种传统供品堆积如山，再加上任何其他你所想要的美丽的、贵重的、令人喜爱的或非凡的物品，例如加拿大的尼加拉瓜大瀑布，或北京的紫禁城，或京都优雅诱人的艺妓舞娘，或美国加州魁梧而全副武装的海军陆战队。让你的想象尽情飞扬，而且不要只把供品局限在自己文化所欣赏的范围之内。

忏悔

接着，为了拆除我执的藏身之处，你要揭露、忏悔自己的恶行，这是反击嗔恨最有效的方法之一。如果你把自己的堕罪深藏在幽深晦暗之处，那就好比你身患重病，却不告诉医生哪里疼痛；隐瞒如此重要的讯息，最后只会让医生无法做出正确的诊断。如果你忘了曾经做过的一些事，或者不完全确定何者是属于佛教观点的恶行，你也不用担心，尽己所能地忏悔即可。想象你在诸佛与菩萨面前，他们知道一切过去发生的事、未来将要发生的事以及现在正在发生的事，在他们的面前，你揭露、忏悔所有自己感到羞愧的事情与念头，以及在未来可能会做的事或会想的念头，任何一件都不要遗漏。

随喜

随喜他人的好运，是一个积聚福德非常轻易且有效的方法。然而，讽刺的是，我们大多数的人对这件事却都感到痛苦难为。

随喜有三种主要的原因：

（一）随喜众生的快乐与快乐之因。例如，当你看到有吸引力的人，随喜他们的美貌而不嫉妒。

（二）当你看到行善的人，随喜他们的善行，不要因怨恨或嫉妒而批评他们。

（三）最好的是，随喜证悟与证悟之因，而不是沉溺于“证悟是否可能”或“佛果是否存在”的疑惑中。随喜他人从事证悟之因的行持，例如听闻与思维教法，或修持禅定。

积聚福德的方式之中，随喜他人的成功也许是最简单的一种，这好似在你的四周有着大量的福德，就等着你去集结起来。看到别人做了有价值的事，你只要随喜他们的善行，就能积聚海量的福德。嫉妒，是让我们受苦的最荒谬、也是最可悲的情绪反应；要对治它，最强而有力的方法就是随喜。当你看到他人的美貌或成功时，切勿沉溺于嫉妒中，反而要随喜之，并且记住，这两种功德是他们过去世修持安忍与布施的结果。想想你所认识的每个具有良善特质的人，随喜他们所做的善事，无论是经营医院或创造美妙的花艺；也随喜他们所享有的结果，无论是名望或美貌；而随喜诸佛与菩萨的佛行事业，更是特别有力。

请转法轮

我们处于末法时期，对于五浊恶世以及自己所有问题的根源——无明，最有力的对治方法就是祈请诸佛与菩萨转动法轮。

佛陀于二千五百多年前证入般涅槃 *（梵 parinirvana），因此你可能会问："为何还要继续请佛教导我们呢？"在日常生活里，每当我们遭遇困难时，大部分人最先想要做的，就是请求我们尊敬或信赖的人给予帮助。在目前的状况，我们在轮回里普遍面对的问题就是根本无明，所以我们应该去请教确定能祛除无明的那个人。"但我们为何要请教佛陀？又该如何请教他呢？"这是大部分人立即会问的。"他现在并未活在这个世界上，难道我们要等到未来佛出世，才能得到答案吗？"很遗憾的，这样的问题完全错失了重点。

"请转法轮"并不只是以世俗的方式请求法教而已，转动法轮可以有很多种形式。例如，法轮可能在你做某件平凡的事情时转动，比如正在看一出你最爱的连续剧，或见到一棵枯树，或读到一本书的某个章节时。因为无论什么情况，只要能触动火花点燃你的悲心，以及对"此生徒劳"的了悟，都是“法轮转动”。就如我们一再看到的，佛弟子常在初次翻阅神圣的法本时会有障碍，因为他们根本就无法理解。然而，到后来积聚了多一点的福德之后，当他们再回去阅读时，就会发现相当易于了解。这是诸佛与菩萨转动法轮的方式之一。

佛陀说过，每当我们心怀虔敬，他就与我们同在。这就表示佛陀不曾间断地一直在转动法轮，而这种教法也永不会停止。

请佛住世

请求诸佛与菩萨住于轮回而不要入涅槃，是我们反击邪见与怀疑的方法。轮回众生的心是二元分别的，而二元分别的心其本质充满怀疑，怀疑又反过来滋生邪见。心灵追求者也是如此，我们耗费许多时间，对自己的修行、法道与心灵生活的方式感到怀疑而挣扎，这可能是我们多数人都必须面对的艰巨挑战，也是会一直伴随我们直到心灵旅程终点的唯一情绪（烦恼）。有人认为，我们的智能愈增长，怀疑也就愈敏锐。这很有道理，因为我们愈聪明，怀疑也就会愈聪明。我们最大的障碍就是在一开始便有很多的怀疑；其他的不谈，至少它会占去我们太多的时间。怀疑愈严重，我们就愈可能困在持续不断的自我谴责状态中，因而将注意力导离正见，造成我们对“因”、“缘”、“果”法则失去信心，并且腐蚀我们对缘起实相、空性、三宝等究竟真谛的信念。

“怀疑”以各种各样的方式侵扰我们的心。你也许会有这些困惑：“为何完成了这么多佛法修持之后，我的健康状况仍然不佳？”或者，“如果佛是遍知的，为何他不能消灭爱滋病、贫穷或大规模毁灭性武器？他们究竟有没有法力？”“真的有来生吗？”“我们每个人真的都有佛性吗？”……许多类似的怀疑，只要我们听闻教法就很容易清除。不过，大部分的人也需要某种与逻辑或推理无关的启发来增强信心，例如经历了某种超凡的体验，或遇见了一位具启发性的人物。通常，遇见一位我能看得到、摸得着、听得见，又代表佛之身、语、意化现的佛教大师，是最深刻的一种启发，也就是所谓的“眼见为真”。

我们所请求的，不只是具足三十二相、八十随形好[1]的圆满诸佛住于轮回而已，我们也请求那些总持诸佛菩萨伟大功德与教法的人，以及启发众人，启发所有那些虽然不合逻辑、不切实际，却能让我们振奋鼓舞的节目与活动的人，其事业都能持续。

福德回向

最后，我们必须随时尽快地回向自己的修持与善行，才不至于浪费所积聚的福德。藉由将福德回向给一切众生的究竟快乐与证悟，我们不仅保障了福德的安全，也保证它会如银行存款的利息般持续累积。因此，我们的善行就会成为自己的成佛之道。假使我们不立即回向，这些福德资粮可能就会被突发的嗔火，或任何其他折磨我们的极端恶行或恶念，烧毁殆尽。

福德——抵御障碍的盔甲

大家都形容佛法是绝对无价的，又说它有如能切断各种二元分别之网的金刚钻。而另一方面，我们却如穷极潦倒、愚昧无知的乞丐，毫无任何价值的概念。因此，当有一颗珍贵的钻石突然落入手中时，我们却不知道

---

[1] “三十二相”是指佛的三十二大人相，系转轮圣王与佛之应化身所具足之三十二种殊胜容貌与微妙形相。“八十随形好”是指佛容貌随三十二形相而有的八十种微细特征。——译注

该拿它来做什么才好。我们根本不知道它的真正价值，因此说不定会拿它去换一条热狗，或不经意地把它弄丢。这种情形竟出人意料地常常发生，因为有珍贵的佛法之处，就总会引来障碍；而当修行者引来障碍，这表示他的修行正在见效。若非如此，何来障碍骚扰？它们没必要去攻击那些修行不太好的人，因为那些人可能已经为自己制造足够多的麻烦了。

话虽如此，我们遇到的许多障碍都是强大而恼人的。因此，我们藉由修持佛法的许多法门，试图发展出一种能力，来操控、欺骗、引诱、转化、忽视所有引来的障碍，其中最“高明”的方法就是把障碍视为“加持”。但是，要能真正这么做，需要很多福德。幸运的是，佛法提供了我们“供养曼达”的法门，这是所有积聚福德中最深奥的方法。

修持

噶玛・恰美仁波切说，像我们这种初学者去建造一座寺院时，内心不可避免地会生起一些不纯净的念头，在整个过程中，也必定会面临许多挑战，因此一旦竣工之后，我们必然会对它产生执著，或者产生各式各样的悭吝行为。然而，“供养曼达”的修持完全不会产生这种后果，也由于这个原因，它才如此重要。

我们供养什么？

从受供者的观点来看，任何种类的供品都是无关紧要的。因此，我们应该供养自己认为珍贵的物品。

例如，向过去诸佛与菩萨供养自己的身体，我们就与释迦牟尼佛的身、语、意、功德、事业结了吉祥之缘。向现在佛——我们的上师——供养身体，我们的身、语、意就成为完美的智慧法器；向未来佛供养身体，就圆满了能让我们利益一切有情众生的吉祥之缘。

在供养曼达过程中，主要是将圣众作为我们的资粮田。至于到底应该供养什么，随你自由想象发挥。如果你觉得须弥山与其周围的大小洲很难在心中呈现，那就以一座雄伟壮丽的山代替。或者想象亚洲、南美洲、北美洲与澳洲等，并且包含其中所有美丽的国家公园、宫殿、瀑布与财富等。

如果供养不属于自己的物品会令你不安，请记住，你对世界的感知完完全全是以你自己的方式，而非别人的方式。因此，你可以在观想中加入各种财富之源，例如：德意志银行、森林、铁矿、钢铁、人类喜欢攒积的各种物质财富、天人的财富（通常以飞毯与华盖来代表）等。你还可以再加入龙族的财富（有时显现为能启动战争的海螺），或能转化成王国与宫殿的小贝壳，或如意树、满愿牛，甚或俊男美女。你可以尽量发挥，努力突破自己想象的界限。为了强化观想，也可以利用你认为珍贵的各种物品，例如西藏人在供养时就使用大量的米、铜板与金、银等贵金属。

如果你打算将这个修持当作前行积聚的一部分，你就需要一个曼达盘，以及你所能集聚的、尽量多的供品。根据德松（Deshung）仁波切的说法，曼达盘可以是蛮大的，不过如果你喜欢小的也无妨；至于其材质，则取决于你的经济能力，例如石盘、檀香木盘、铜盘、铁盘、钢盘，甚至你愿意的话，金盘都可以。主要的修法供品则是各种谷物，不一定只是米，而你所加入的其他任何东西，都可以成为你专注的对象来加强修持。将每一粒谷物观想成上述的各种物品，如果你像我一样，很受印度风格代表财富的东西所启发的话，你也可以加上华丽的澡堂，其中有成群美丽的舞娘，还有——为了“政治正确”之故——众多英俊的舞郎。

虽然修持的法本上所写的，常常让人觉得好像我们是为了取悦诸佛与菩萨而做供养，但请诸位牢记于心，事实绝非如此。佛、法、僧三宝不可能被我们微薄的供养所贿赂、收买或影响，甚至连取悦都不可能。多想一想你就知道，传统上的供品，并非为了让诸佛与菩萨在世俗上“有用”而设计的。事实上，“有用”并非目的。就以“牛宝”为例，一头牛对于某个住在纽约市中心的人而言，会多有用处呢?

有关供品的实用建议

如果有几周的空闲，你可以考虑进行密集闭关，专修“供养曼达”，一口气完成十万遍。

若是如此，你会需要两个曼达盘，一个放在佛龛上，以五堆供品代表五方佛部，另一个作为修持供养之用。由于供在佛龛上的曼达会放得比较久，如果你以传统方式将米与酥油合拌而使它能黏在一起的话，就会易于腐坏。因此，你要使用不会腐坏的物品来替代，例如各种半宝石等。

至于你日修所用的曼达，最好每过一段时间就以新米替换旧米。供品的数量与更新的频率，都取决于你的预算，如果你是闭长关，例如为期一整年的话，那么当然应当定期更换供品。一旦达到积聚的数量后，不成文的传统是将修法用的贵重物品供养给上师或寺院，或选择悄悄地洒在无人会感谢你的森林中。

每天在你开始修持之前，先用藏红花水、玫瑰水或任何香水清洁曼达盘。然后，在每一座修开始时，用手腕内侧将曼达盘表面擦拭干净。如果要更细化你的修持，那就观想你此时正在清净所有将要献上的供品，当然也包括你的身、语、意。你可能会听到许多类似的这种微小细节，几乎你遇到的每个西藏人或老修行者，都会提到些微不同的版本，而且从其各自的观点而言，他们可能都是正确的。毕竟，藏传佛教有四大传承，成千的修行者依循成百的上师教导而修行，且许多上师都修改了传统的教法。不过，究竟而言，擦拭曼达盘并无唯一的正确方法，因此无须在此浪费过多的时间。

观想

在此修法中，观想你做供养的对境是莲师或金刚总持，由众多眷属所围绕。（关于此观想的细节，可参照前行长轨《皈依》章节中有关“资粮田”的描述。）坛城主尊安坐于满愿树的中央枝干上；主尊前方的枝干上，端坐着释迦牟尼佛与一切诸佛；右方枝干上，站立着所有的菩萨；左方枝干上，是声闻与缘觉等圣众；后方的枝干上，则是无量的法本与经卷。

在修持“皈依”时，我们将此观想中的圣众称为“皈依境”；在修持“生起菩提心”时，他们成为我们受菩萨戒的见证人；现在，当我们供养曼达时，他们成为受供者。

在此修持中，擦拭曼达盘的玫瑰水或香水代表了“菩提心”的行持，意即你修持此法的目的是为了令一切有情证悟。藉由泼洒些微的水在曼达盘上，你以“菩提心之润湿”来象征此一金刚乘修持的深奥，也让这个修持超越了只是盘中撒米的世俗行为。水也有助于让米粒黏着于盘上，虽然你可能不想每次都用水来清净曼达盘，但在修法开始时先洒水会比较好。

现在，你可以开始供养曼达了。

七供曼达

在传统上，曼达盘上的供品是以顺时针的方向摆置，但你可以选择从曼达盘的前面（十二点钟方向）或后面（六点钟方向）开始。（东方是在你面前或最靠近佛龛处，需根据你依循的传统而有所不同。）我喜欢从后面开始，因此下面的说明依此叙述，而括号中的位置则是从前面开始的做法（见【图二】）。

（一）用右手放一堆米到曼达盘的中央当作第一堆供品。

（二）第二堆放在你面前六点钟（十二点钟）处，即曼达盘最靠近你的位置上。

（三）第三堆放在从第二堆顺时针转九十度处，即九点钟（三点钟）位置上。

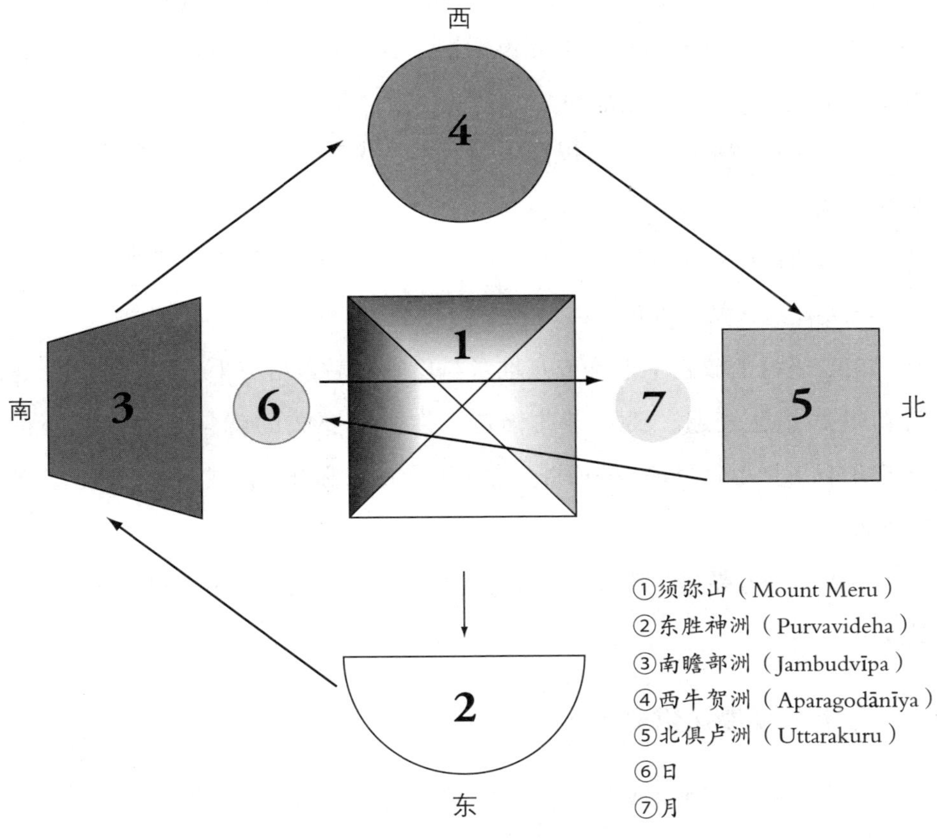

【图二】七供曼达

（四）第四堆，顺时针再转九十度，在十二点钟（六点钟）位置上。

（五）第五堆，从第四堆顺时针转九十度，在三点钟（九点钟）位置上。

（六）第六堆，放置在中央那堆与九点钟（三点钟）那堆之间。

（七）第七堆，放置在中央那堆与三点钟（九点钟）那堆之间。

第三堆即所谓的“南瞻部洲堆”，“南瞻部洲”（Jambudv pa）是我们所居住的星球——地球——之名。如果你的第二堆放在六点钟位置，南瞻部洲就应该在九点钟位置；如果第二堆放在十二点钟位置，南瞻部洲就在三点钟位置。日、月分别是第六堆与第七堆，由于太阳必须从地球上升起，因此第六堆就应该靠近南瞻部洲。

如果你愿意的话，也可以加入第八堆，代表天道与人道之所有财富的具体呈现。

通常我们以左手拿着曼达盘与念珠，以右手来放置米堆；但如果你是左撇子想要反过来做，那也无妨。

在曼达盘上放置了七堆或八堆米与珍宝之后，用右手将它们抹去，这就算供养曼达一遍。要圆满此修持，你所需要做的就只是完成剩下的九万九千九百九十九遍，外加百分之十的数量来弥补错误或不专心而已。就这么简单！

每供养一遍曼达，就依你所修的前行，念诵一遍或三遍“曼达供养”祈请文。

三十七堆曼达供养

你可以在每一百次或每二十五次的短轨曼达供养之后，修一次“三十七堆曼达供养”。（见【图三】）。

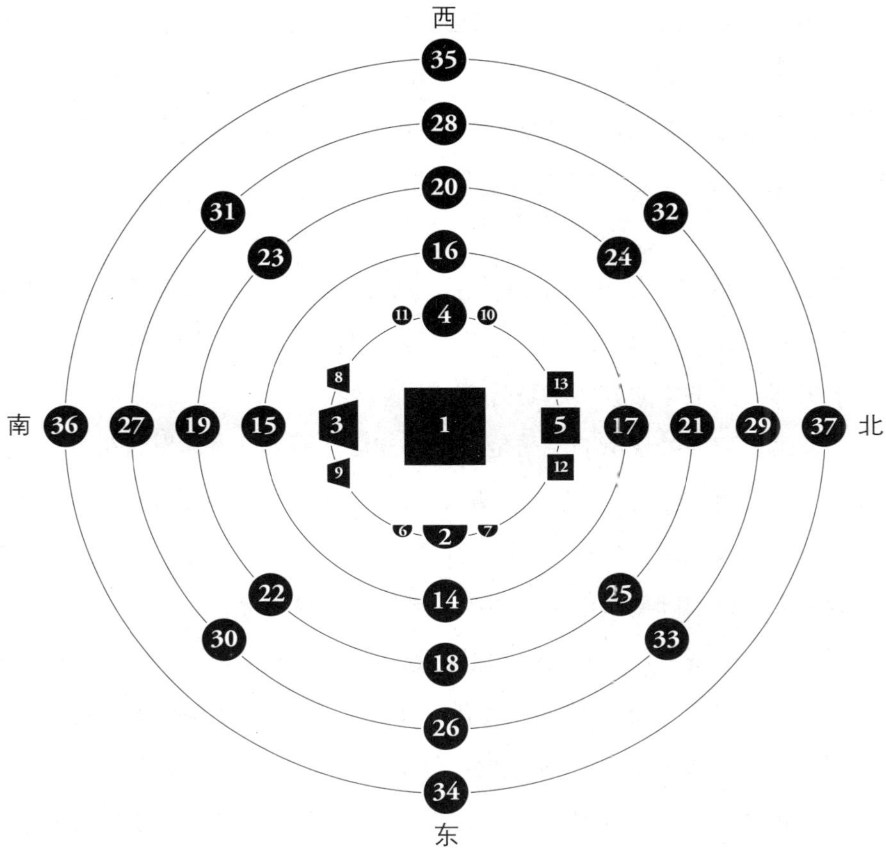

【图三】三十七堆曼达供养

①须弥山　②–⑤四大洲　⑥–⑬八小洲　⑭珍宝山　⑮如意树　⑯满愿牛
⑰自然稻　⑱–㉔轮王七宝　㉕宝藏瓶　㉖–㉝八神女　㉞日　㉟月
㊱众宝伞　㊲十方尊胜幢

你所看过的传统曼达盘，是由几个盘子叠成的塔状结构。这是西藏的发明，你喜欢的话可以使用，但它并非修法的关键所在，因为它所根据的只是西藏人要让供品好看的审美观而已。

【图三】清楚地显示了如何放置三十七堆供品，但我不会花太多的修法时间去查核，或担心是否放错了位置。你就直接念诵祈请文，并将三十七堆供品一个个叠上去即可。

在一座修法的结尾，将资粮田融入自己，然后尽可能地安住于这种“无分别”的境界之中，愈久愈好。

事实上，供养一堆堆的米与珍宝，同样是你自己显相的产物，因此相当有限。所以，你应当供养任何一切东西，包括你认为不好的，例如自己混乱的情绪，它的本质其实就是智慧。

以意念供养各种珍贵的供品是很好的方法，因为，当你想到花时，那是“你的”心创造出“你的”那朵花。事实上，没有什么不是你自心显相的产物。这个宇宙——大气层、星辰、月亮、行星与其中的一切，都是心创造出来的，而只要心存在，实际创造出宇宙的各种无量分别也就存在。

根据佛法的观点，供养的概念根基于“缘起”的见地。事实上，所有佛教的修持与理论都根基于此同一见地，因此，无论是发愿修持有关心性的法道者，或是想要完成任一种积聚福德的修法者，供灯都是个好主意。由于这项“供养”的行为与创造吉祥之缘紧密相关，因此，供灯能增进你对心性的理解——一如油灯散发光芒，能照亮自身与周围的一切；同样的，心能觉知自身，也能觉知它所遭遇（encounter）的一切。由于油灯的作用与心相似，因此油灯可被视为吉祥之物，藉由它，便能创造出与心性的吉祥之缘。

万法唯心所造，心性即为法身、报身与化身，而证得心性就是所谓的“证悟”。但是，要获得证悟并非易事，因为我们会不断地被无数的习性所欺骗。因此，我们需要各种方法与技巧来对抗这些旧习，而一次次地堆起像米这种微不足道的东西，正是众多善巧方便中的一种。

第十一章 『古萨里』修法

在许多前行的修持中，都无“古萨里”（kusali）修法，但《龙钦心髓前行》的长轨中包含了此法。修持《龙钦心髓前行》短轨的人，如果还能加上这项修法的话会更好，因为这是积聚福德的殊胜之法。无法拥有曼达盘、供品与其他必要的特殊供品之穷困修行者，最适合做“古萨里”修法，就如同巴楚仁波切所说，“古萨里”意指“乞丐”。然而，从佛法的角度来看，“古萨里”修法被认为是最上乘的教法之一。

观想——战胜四魔

“古萨里”修法的特别是针对摧毁四魔*（four Maras）——天人魔、死魔、烦恼魔与蕴魔。堪布噶琼（Khenpo Ngakchung）[1]说，不了知一切显现只是

---

[1] 堪布噶琼是堪布噶旺·帕桑（Khenpo Ngawang Palzang，1879~1941）的别名。他是噶陀（Katok）佛学院的学者兼教师，也是阐释大圆满经典之学术传承非常重要的振兴者，被认为是无垢友和龙钦巴的转世。他是近代最伟大的大圆满堪布之一，著有《普贤上师言教之指引》（*A Guide to the Words of My Perfect Teacher*，Shambhala Publications）。——译注

自心的投射，即是天人魔；此身只是和合现象，本质上迁变无常，而且是一个蔽障，即是蕴魔；贪爱、欲求与执著，即是烦恼魔；诸蕴之生死，即是死魔。

开始修法时，口念“呸！”（PHAT！），并观想心识从身体向上直射而出，心与身完全分离，身体像个旧麻袋般骤然倒地。身体落成一堆的瞬间，观想自己以纯粹意识之无形身盘旋于身体的上方，看见你所珍爱的身体现在只是一具尸体而已。

一般而言，憍慢是由于心与身两者的反应而生起，因此，如果你有身体，就会感觉到憍慢。是故，藉由摧毁色身，就能摧毁你的憍慢，也就是战胜了烦恼魔。而在你对身体无有执著的当下，就摧毁了天人魔。然而，不同于熄灭的烛焰，虽然身体已经被丢弃、摧毁，但心依旧能够有所觉知，这就是战胜了死魔。我们称这第三个胜利为“黑忿怒母”（Krodhikali），也就是你摧毁自己的色身之后所现的形相。她身呈黑色，貌美，佩戴空行母*（梵 dakini）衣饰与庄严，包括宝冠、骨镯、虎皮裙，右手挥舞着弯刀，象征摧毁了烦恼（情绪）魔。

黑忿怒母从你的尸体上慢慢切下头骨，以摧毁蕴魔。我们把这个带发的头骨称为“嘎巴拉”（Kapala）或“颅器”，当你观想嘎巴拉在面前出现的瞬间，想象它不断增大，直到大如三界为止。

旋即出现一个由三个人头骨（代表法、报、化三身）所构成的三脚架，你把嘎巴拉置于其上。然后回到你的尸体旁，切下双手与所有的指头，剥下皮肤，挖出肺、肝等所有内脏，放尽血液。你继续肢解自己的尸体，别忘了切下嘴唇与鼻子，用弯刀剔出双眼与每颗牙齿。然后，把尸体的每个部分一一地放入嘎巴拉之中。

现在，自人头骨三脚架处，冒出极为猛烈的智慧火焰。然后你一边念诵"嗡·啊·吽"(OM AH HUM),一边想象你身体的各部分在锅里融化煮沸,如同炖煮一锅汤一般。这锅人肉炖汤逐渐地转变为大力如意甘露,滴滴甘露都包含了一切令你悦意之物,例如湖泊、花园、饮食等。作为施供者,你愿得何物,甘露就变成何物,你就以此献上供养。

客人与供品

如果你想要观想得更详尽,就把这想象成一场筵席。首先,你以灿烂的虹光射向铜色山、阿弥陀佛、阿閦佛与一切诸佛净土,邀请已灭尽我执者,包括自阿罗汉起,直至佛陀的每位圣者以及所有的菩萨。其次,你向六道众生发出邀请。你的客人都迅速抵达,各自安坐其处。

筵席的第一部分供养给圣者。因此,作为回赠,你获得一切"共同"的成就,包括长寿,以及免于障碍与疾病。那些由于前世的业债而饱受疾病折磨与财务困难的人,"古萨里"修法特别适合他们。同时,你也会获得"不共"的成就,也就是对他人慈悲、得以精进、具足虔敬心,以及认识心性等令这些功德足以生根的能力。

其次,你布施给来自六道的客人。观想他们藉由每一口啜饮的美酒、品尝的芦笋、舔食的冰淇淋、咀嚼的牛排、吞食的法式布丁、吸吮的龙虾,一切的痛苦都烟消云散,而慈悲心、菩提心与虔敬心滋养着他们的生命,他们因而反过来去帮助其他的有情众生。

在此,有两类很特别的客人。其中一类包括了烦扰你或你视为敌人的众生,当他们接受到供养之后,所有的宿怨就视同一笔勾销。另一类为数最多,他们是你曾欠下业债的众生。业债有很多种,例如自己对父母欠下的业债,对朋友、对提供我们食宿保护的众生所欠下的业债,以及对那些被自己侵占了空间或为自己服务的众生所欠下的业债。我们每个人都对无量众生欠下了诸如此类的各种业债。

融入

当筵席临近尾声时，所有的客人都融入于你，因而施供者、受供者与供物都成为一体无二。了知整个筵席都是你心的造作，以此安住于这种“无别一体”的境界中，愈久愈好。

第十二章 上师瑜伽

金刚乘修法的目的是为了转化我们的显相，在前行的修持里，尤其是在“上师瑜伽”中，我们开始这种转化。为此，几乎所有的前行传承都会建议我们把修行之处转化为净土，把自己由凡夫、不净之身转化为清净之身。

如果你修持的是《龙钦心髓前行》的“上师瑜伽”，你就观想自身为金刚瑜伽母（Vajrayogini）。为何是金刚瑜伽母呢？因为在初次踏上修行之道以及登达巅峰这两者之间，我们将会在某一时刻证得心的本性，在此之后，我们成为集聚上师加持的法器。作为更有效引请这些加持的方法，同时也是为了召唤吉祥之缘起，你自观为女性本尊（金刚瑜伽母）的庄严身形。

（以下观想的细节是依据《龙钦心髓前行》，与你所遵循的不同前行传承可能有所差异。）

观想

观想自身为金刚瑜伽母，你周身呈红色，右手挥舞着一柄弯刀，左手持着嘎巴拉。你面呈半忿怒相，美丽且苗条，身体以精美珠宝做严饰，穿着虎皮裙，佩戴骨饰。你的三只眼睛凝视虚空中一朵十万瓣莲花，莲花中央有横置的日轮，其上有月轮。

端坐于月轮之上的是你的根本上师，他是所有皈依之源与诸佛本质的体现，以莲花生（Padmakara）之相示现。他看起来不像凡人，毫无衰老或缺憾之相。相反的，他年轻、庄严又生气勃勃，身上穿着王袍。

莲花生大士——你的上师——坐在一轮巨大球形的彩虹内，周围环绕着以赤松·德赞王（King Trison Deutsen）为首的二十五位弟子，其外又环绕着百万彩虹光球。上师头顶上的虚空中，端坐着所有大圆满（或大手印）传承的大成就者，包括无垢友（梵 Vimalamitra）[1]、智经（梵 Jnanasutra）[2]、师利·兴哈（梵 Shri Singha）[3]、极喜金刚（梵 Prahevajra，即格拉·多杰［藏 Garab Dorje］）[4] 等；其间的虚空中，更充满了各个传承的本尊、空行母与护法。所以，在整个广大的虚空中，尤其是你面前的空中，满布如云般众多的皈依对象。

---

[1] 无垢友是最饱学的印度佛教大师之一。他在 9 世纪时与莲花生大士和毗卢遮那（梵 Vairocana）译师一同将大圆满教法传入西藏，并编纂、翻译了许多梵文经典。他的精要教法是《毗玛心髓》（藏 *Vima Nyingtik*），是大圆满“心髓”教法之一。——译注

[2] 智经是大圆满持明者表示传承中的一位大学者，是师利·兴哈的弟子，他接受了师利·兴哈赐予的整套口耳传承，以及所有属于《内深精要之秘密心要》（*Secret Heart Essence of the Innermost Quintessence*）的教导。——译注

[3] 师利·兴哈，或称吉祥狮子，是大圆满教法传承的文殊友（梵 Manjushrimitra）的主要弟子和继承人。其弟子当中，有智经、无垢友、莲花生和西藏译师毗卢遮那等四位出众的大师。——译注

[4] 极喜金刚即格拉·多杰（藏 Garab Dorje），他从金刚萨埵与金刚手菩萨处亲受了所有大圆满的密续、经典与口传，而成为人间第一位大圆满传承的上师。他的主要弟子是文殊友，莲花生大士也直接从其智慧身领受了大圆满密续的传授。——译注

当你凝视着皈依对象时，尽量观想他们栩栩如生地就在眼前，但一定要记住，就如同清澈而宁静的水面所呈现的满月倒影，他们并非真实存在，无论呈现在水面上的月影是多么清晰、明亮，它仍然只是一个倒影。在“上师瑜伽”中，结集端坐于你面前的皈依对象，都应该以这种方式呈现。

如果你修持大手印、萨迦派或格鲁派的前行，你很可能是观想上师为金刚总持，环绕着与所修之法相关的众多传承上师。其中的本尊可能会有所不同，例如在大手印前行中，胜乐金刚（梵 Chakrasamvara）就非常重要，而在萨迦派或格鲁派的前行中，主要的本尊是胜乐金刚、密集金刚（梵 Guhyasamaja）与时轮金刚（梵 Kalachakra）。

咒语观想

心中带着满溢的虔敬，念诵《莲师七句祈请文》（*Seven-Line Prayer to Guru Rinpoche*）来引请上师，然后念诵莲师心咒。

当你念诵祈请文时，要专注于所观想的坛城，尤其是观想自己的上师，你要尽己所能长时间地凝视着他的面孔。往昔的大师们曾告诫过我们，在咒语观想的过程中很容易感到厌倦，因此他们建议，当你注视上师面孔而感到疲倦时，就应当把注意力转移到他的整个身相，或他的动作，或他所放出的光芒，或你对他的虔敬心，或咒语的声音，或环绕的随从本尊等。然后，一再地转换你专注的焦点。

学生们常常会提问：“是否只应该在正式的日修时才引请上师，还是在其他任何场合都可以？”答案是：“这取决于学生的情况。”对那些抽着大麻、游荡于加德满都街头，半杯卡布奇诺咖啡就能在咖啡馆耗上大半天的佛法浪人而言，他们或许应当正式禅坐，并且念诵一千万遍或一亿遍的心咒。而那些在伦敦、纽约或巴黎从事繁重工作的人们，在上班途中或等候公车时念诵心咒，他们或许可以得益更多。给予每个学生的方法，完全要看他们的个人情况，以及他们的自律程度而定。

“上师瑜伽”之心要

概略言之，“上师瑜伽”帮助我们培养并增长虔敬心，但此修法最核心的要点，是将你的心与上师的心相融。这个“相融”（mix）的过程其实不仅限于心，它包含了我们的整体——身、语、意的全部。因此，我们应当尝试将自己的每一部分都与上师相融，从你的身分、身相、音声直到嗅觉与味觉，都应如此。

在此，我要再度强调的是，名词与语言有时会误导。“相融”一词自动地意味着在此有两个分离的个体存在，而将它们融为一体是可能的。但是，诚如普贤王如来告诉我们的，心的本性本空，所有现象的本性也是如此。虽然从广袤的现象界角度而言，似乎有两个分离的个体要被融合，然而由于外在的上师即是你虔敬心的反映，因此这个“相融”的过程，比起只是把两种元素混为一体要深奥得多。事实上，你是在确立一种理解：从未有一个所谓“上师”的分离个体，可以与你的心相融。换句话说，你的心与上师的心从未分离。

外在的上师

正如我们说过的，外在、内在、秘密的上师即是我们的心性。虽然如此，我们初学者仍会寻找一个榜样来启发并引导自己，于是我们向他皈依；而为了表达对佛法的感恩，我们对他献上供养。很多人都向往能找到某个对象或任何对象，使用我们唯一会用的沟通方式，诸如哀号、抱怨、哭求、祈请等，来向他们描述我们所有情绪的高低起伏。而为了满足这种需要，修行之道——从金刚乘的角度而言，“道”即是“迷惑”——为我们提供了外在的上师。

当然，所有的修行之道最终都会被抛弃，但此刻，你应当继续将自己的虔敬心，连同崇慕之心与不动摇的清净显相，都献给外在的上师。然后慢慢地、一步步地尽量将自己跟内在、秘密的上师相融合，过了一段时间后，你会了悟外在、内在、秘密的上师其实从未与自己分离。

渴望与上师相连系

很多学生喜欢谈论自己想到上师时的心情：有些人心里感到很充实，胸臆充满各种感受；也有人感到自己受到关爱，因而完满。我想，这些学生想要表达的是，他们渴望与自己的上师相连系。确实，当我们想到他就会生起强烈的感受与触动；但重要的是，我们同时也要谨记，感受与情绪是非常易于变化的。感受属于暂时性的世界，因此它只是另一层外皮，最终仍需要剥除。

我们与上师情感上的连系，并非我们在心灵之道上要努力达成的唯一成果。就目前而言，上师与我们似乎是分离的，然而随着我们在法道上进步，修持的善巧方法之一就是不断自我提醒：事实绝非如此。任何我们所接受过的教法，丝毫都未曾说过上师是分离的个体，这种有个“上师”与“弟子”的想法，完全是我们自己所犯的错误，而且它又被习性所强化。如果我们已经完全信服上师与自己一直都未曾分离的话，“上师瑜伽”就完全是多余的。虽然，感觉“连系”就意味着他是个分离的个体，但我们仍然执著于自己与他“连系”的概念，正是这个概念把我们束缚在二元分别上。

“上师与自己不可分离”的认知，是我们所会拥有的唯一永远无法被剥离的了悟。

修行指南

将你的心与上师的心相融

我强烈鼓励你一再地将自己的心与上师的心相融。当你观想莲师并持诵莲师心咒时，每念诵一百遍时，就将莲师融入于你的心中。这种过程你做得愈多愈好，所以每持诵十遍或二十遍心咒就融入一次，然后观照那种“无别一体”。不用说，这种经历一定会对你的生命有所改变。

观照心念的要点是让自己的心与上师的心相融，这个修持可以在各种日常情况下进行。例如，当你在电梯上，或在赶火车的路上，或在百货商店里，或在电影院中，尽量将你们的心融在一起，直到你离开为止。这一点都不占用时间，结束后也很容易回到你正在做的事情上，无论你是在购物、看电影或看足球赛。

所以，每天花几分钟将自己的心与上师的心相融，然后花点时间观照那种“无别一体”。如果你如此修持，它会带来一种加持，那就是在不久之后，生命中没有任何事情你会觉得有什么天大的了不起了。但别指望马上见效，你要有耐心，安心地修法。你有诸多需要被调伏的习气、执著与散乱，可能需要一段时间才能见到成效。若是如此，请勿抱怨！抱怨就有如你才把生鸡蛋放在桌上，就埋怨它尚未被煮熟；你得把鸡蛋放在锅里，于炉上加热，它才会煮熟。如果你连鸡蛋都还未放进锅里，就毫无理由来抱怨它是生的；如果你会抱怨，就表示你还不理解“因”、“缘”、“果”的关系。大多数的现代人都落入这种陷阱，纵然在科技探索上有非凡的成就，例如将人类送上月球，或者发现地球是圆的（直到今天，还有些西藏人认为地球是平的），他们却仍然缺乏这个基本的理解。

如果你需要花十年的时间修行才能有所改变，那怎么办？比起你无数亿万个过去世（那些时候你甚至连鸡蛋都还未从盒子里拿出来），十年又何足挂齿！你已经进步了，因为你终于知道哪里有鸡蛋，也知道要先把它从盒子里拿出来放进锅子里才能煮熟。这一点本身已是个巨大的进步。即使只知道这么多，你一定也得积聚相当多的福德才有可能。

修行者必须拔除的三毒

修行者需要拔除三毒。第一种毒是“邪见”，你必须藉由听闻、思维教法，才能解除此毒。在此过程中，即使你似乎建立了“正见”，你仍无可避免地会受到其他各种需要被遣除之毒害、概念与怀疑所污染。为此，你需要以禅修作为对治法，例如应用“止”的修持，因为它能让所有的“心理染污”*（namtok）消失，这是去除第二种毒。第三种需要被拔除的毒是二元分别的、主体 / 客体的“经验”，当你持续有此经验时，你的修行之道就一直是有毒的。要净除这种毒害，你必须运用“观”的禅修。

我们挣扎努力所获得的每一层理解，最终都必须被抛弃，因为正如往昔上师多次告诫的：“理解”犹如补丁，迟早都会掉落；觉受犹如薄雾，迟早必会消散。但是，对于我们这种从小就被教导去珍视一步步进展的人而言，一想到终有一天必须抛弃所有在心灵修持过程里的成就，着实令人难以接受。

三种觉受

既然“上师瑜伽”能引发如此强力的加持，因此你所未曾预期的心情与心的变化，可能会大幅搅动你的生活，所以请做好准备。最重要的是，“上师瑜伽”通常会引起各种“觉受”（藏 nyam）。

就“上师瑜伽”而言，有三种觉受。一种是感受到“大乐”（bliss），以至于你确信自己能处理生活中遭遇的任何事情。如同茶杯与茶盘完全贴合一般，生活中的一切都如此契合圆满，你觉得自己什么都能做到，甚至能让一头大象站在指尖上。没有什么是不能接受或无法忍受的，就算有人告诉你，法兰克福刚刚翻了个底朝天，你也能毫不迟疑地接受。你不仅能相信难以置信的东西，你还会体验到惊人的、身体上的乐受。虽然我们大多数的人都未曾体验过这种特别的觉受，但可悲的是，它却是我们共同向往的一种。

另一种觉受是“无念”（non-conceptualisation）。你没有念头，感觉不到嗔恨或贪爱，不做任何判断或比较，没有不安全感，你所感知的每个事物都现前而栩栩如生，这种体验可以持续几分钟、几小时甚或好几天。但是我们不要谈太多这种觉受的细节，由你自己来发现会更好。

第三种觉受是种不寻常的“清明”（clarity）。你所感知的一切都是如此清晰，例如，你可以看到每棵树上的每一片叶子，而且你的直觉犀利到似乎能看到他人心里的念头。

这三种觉受最终会如薄雾般散去，因此它们并非你的终极目标。你也不太可能在短期内有这种体验，我们大多数的人连第一个好梦都还未体验过，所以需要处理觉受的可能性为时尚早。

当你感到厌倦时

无论修持何种法，我们都会感到厌倦。如今，我们容易厌倦的程度比以往任何时候都高。有多少人能满足于单一的电视频道？所以，当你发现自己的心涣散而在找寻新目标时，就应转换焦点。

例如，你可以想象处处都是莲师，遍满每一寸的虚空。当你持诵莲师心咒时，六道光球瞬间转化为六尊莲师。再一眨眼，出现一个蓝色幡旗，然后又一尊莲师，随后，突然你周遭的每个人都转化为莲师，然后你的保温瓶、钢笔、铅笔、手表、书本、手帕、桌布、纸巾也都成为莲师，外面的树木、山峦、湖泊、铁路、车辆，也全在一瞬间都转化为莲师的身相，甚至怡人的微风，也成为他的化现。

你也可以试着观想莲师位于你的头顶，或坐在你的面前或心中。（如同前述，在每种状况下，都能有不同的观想。）

- 当你持咒时，观想一股不间断的甘露之流从莲师流下，融入于你。
- 在夜晚，观想上师坐在你心中的一朵莲花上。
- 当你进食时，观想上师于你喉间。
- 当你面临障碍，例如与家人争执或感到失落沮丧时，观想上师在你肩上，忿怒地露出獠牙。
- 《龙钦心髓前行》修行者可以观想火花或蝎子从莲师的金刚杵中射出，蝎子夺取并吞食每个障碍，直到彻底清除为止。
- 濒临死亡时，观想你的上师以红色阿弥陀佛身相显现，一遍遍地把自己迁入阿弥陀佛的心中。
- 想象你一天之中所遇到的每个人、每件事都与莲师无二无别。

这是非常深奥的修行，初学者一开始或许会感到有些困难，所以不妨先从祈愿的层面去做。基本上而言，所有的一切（佛、法、僧、本尊、空行母、护法）都是你上师的化现。所以，举例而言，假设你在修某尊护法，你就献上供养，并视其为莲师以护法的身相化现。如此一来，你对护法的供养也成为对上师的供养。

而且，你不必将自己的供养局限在一般人所谓的“好的”或“吸引人的”东西上，你可以供养一切，包括疾病、坏消息与损失等，并记得一切都应视为上师与其加持的化现。

不要承诺过多的修行

就如前述，在此末法时期，听闻佛法是极为稀有而珍贵的，我当然会鼓励你尽可能地多去接受各种教法。但是，如果你渴望接受灌顶，我会强烈建议在你去之前，先了解自己将会做什么承诺，然后自问是否真的有时间每天完成连篇的仪轨修行？如果生活已经够忙碌了，你最好想清楚是否真的要收集灌顶？无论仪轨看上去是多么简短，这些修持都会累积起来的。当然，如果你的时间充裕，而且接受灌顶以及集结承诺让你感觉良好，尤其是对自己无法适切地兑现承诺心无愧疚的话，那么，悉听尊便。

修行者在初入心灵之道时，通常都会显得异常热诚，竭尽全力去修持每个所能接触到的教法。然而同样的，厌倦感注定会悄然而至，而且常在你进入最后阶段的时刻出现。如果此时你改修另一个法，虽然，或许在几天或几周内新的修法会令你深受鼓舞，但就心灵的进展而言，你将坠回原点。讽刺的是，不久之后，你就会像厌倦旧法般地又开始厌倦新的修法。

你可以尽量去求见更多的上师，听闻更多的法教，尤其若是你渴望遵循更高阶的法道的话。你也应与修持同样传承的道友们相交往，但要尽量避免分心散乱，特别是对于那些乍看之下比你所修持的似乎更吸引人的法门。

修行者成熟的征兆

策列·那措·让卓曾说，随着修行者对见地的理解愈加成熟，他对相当微细的因缘就会愈加挑剔；随着体验与了悟的增长，他对装疯弄狂就会愈缺乏勇气；他愈调伏自心，对别人就愈加具有清净显相。从他的观点来看，不仅是上师，包括金刚道友在内所有的人，都是“善”的，这是他的心已调伏的征兆。

你或许会认为，自己的心愈调伏，就愈有可能看见他人的狂乱，然而事实恰好相反，成熟的修行者对他人的显相，通常会比初学者更加清净。修行者获得愈多的证悟功德，他就愈加谦卑；他与上师在一起的时间愈长，便会愈加具有虔敬心；他愈听闻、思维佛法，就会愈快减少憍慢与自负。

一个大修行者最殊胜的征兆，并非生出光环，或有非凡的吉祥梦兆，或感受连绵的大乐，或能预知我们痛苦的未来。最殊胜的征兆，是他对物质上的获益、名声、他人的敬仰或作为众人的焦点，毫不感到兴趣。

祈请文以及应该祈请什么

如父上师，三世诸佛之化身，请倾听！
历经诸法之无止轮转，
内心急切促使我修法——感谢您，至尊上师！
感谢您的加持，让我谨记“无常”。

康楚·罗卓·泰耶写过无数优美的祈请文，这是其中一篇的略译。

我们都需要祈请“安忍”，但是我们也要祈请佛法能适切地显现。

请加持我，至尊上师！

愿我心转向佛法，愿佛法能入我心。

请加持我，至尊上师！

愿我的佛法修行顺利无碍。

请加持我！愿法道途上之染污尽得遣除。

请加持我！愿无明与迷妄化为智慧生起。

请加持我！愿一切非佛法之念即刻止息。

当强烈习性驱使我，

当过往业力成熟时，

当无用之野心生起时，

至尊上师，请加持我！

愿我所行一无结果。

在前述的祈请文里，我们并非祈愿让自己的世俗愿望得到满足，而是向上师祈请：如果我们所祈求的是世俗利益，祈请上师确保这项祈愿无法获得满足。

请加持我！愿慈悲心与菩提心在我心中盛开。

请加持我！愿我心中生起相对与绝对菩提心。

请加持我！愿真诚、纯正虔敬心在我心中成长。

请加持我！愿启发与激励日渐增长永不消逝。

请加持我！愿我下一个分心不至于令我散乱。

请加持我！愿我永远不被业力与习气所击垮。

请加持我！愿我永远不被良善的显现所欺诳。

常常，我们会确信有些状况的发生，是佛法修持的正面成果。问题是，我们反被这些状况所迷惑，而让似乎正面的成果转变为负面的。因此，我们应该祈愿无论发生什么，我们都不会散乱。

请加持我！愿我健康，因而得以利益众生。

请加持我！愿一切念头都将我引至佛法。

最后这句祈愿文特别美妙。虽然我们的念头与行为看似平凡而世俗，但我们请求加持，希望同样的行为能在将来利益他人。例如，你的脑中闪过一杯黑啤酒，你突然很想去喝一杯，于是你到了酒馆，在那里不期然地遇到一个陌生人，你和他聊起了佛法。那位陌生人对你的话非常感兴趣，还未打烊之前他就记下了当地佛教道场的地址。你那个凡俗的、想喝杯酒的需求，引导了那个陌生人与佛法结了缘。

请加持我！愿我免于困苦，永远富足。

请加持我！愿我延年益寿，修持正法。

正如康楚仁波切在《遥呼上师》中所写的：

请加持我！愿我能圆满成就正法。

请加持我！愿我心生起甚深伤悲。

请加持我！愿我收敛庸俗的计划。

请加持我！愿我牢记死亡的必然。

请加持我！愿我对业力生起确信。

请加持我！愿我心灵之道无障碍。

请加持我！愿我能全力精进修行。

请加持我！愿我能转逆境为修道。

请加持我！愿我能持续应用对治。

请加持我！愿我生起纯正虔敬心。

请加持我！愿我能一瞥本然实相。

请加持我！愿观智苏醒于我心中。

请加持我！愿我能彻底根除无明。

请加持我！愿我此生能成就佛果。[1]

---

[1] 英文翻译由那烂陀翻译委员会（Nalanda Translation Committee）翻译改编自《心中之密集虔诚：蒋贡·康楚·罗卓·泰耶之遥呼上师》（*Intensifying Devotion in One's Heart*：*The Supplication Crying to the Guru from Afar by Jamgön Kongtrul Lodrö Thayé*）。

详见网址：http：//nalandatranslation.org/media/Intensifying-Devotion.pdf

第十三章 『灌顶』与上师瑜伽四灌顶

灌顶——引介佛性

菩萨乘的修行者通常经由哲学性与思维性的分析，来逐渐认识佛性，但这种方式只能让人局部地一瞥佛性。若是要完整发现佛性，必须花三大阿僧祇劫的时间来思维与修持佛法，尤其是有关“六波罗蜜”或“十波罗蜜”[1]。而另一方面，金刚乘则是一开始就即刻引介弟子认识佛性，并且提供一条法道与法门，修行者经由此道，有可能在修持一座法之中，就发现佛性。这种法门有时被称为“密续之道的第一扇门”(first door to the tantric path)，但一般则称之为“灌顶”(梵 abhisheka)。

虽然这两乘在引介弟子认识佛性的方法上有所不同，但若是我们因而

[1] “十波罗蜜”是指菩萨在成佛道上所从事的修行。分别是布施、持戒、忍辱、精进、禅定、智慧、善巧方便、祈愿、力量和正见。——译注

误以为其中某种方法较好，或这两者之间有好、坏之别，这都是陷阱。这两者最主要的区别，在于菩萨乘的教法重点完全集中在“意”上，而金刚乘同时还关注“身”与“语”，因此金刚乘修持者以灌顶来引发佛性。他们所运用的“身、语、意”的化现会有名字，例如度母（Tara）[1]、文殊师利或观音，所以，从某种角度而言，灌顶本身似乎就在告诉你，你本具佛性。

尔后，一旦你的虔敬心积聚了足够的福德，上师便会将你的佛性引介给你，但你是否能够认出它，则取决于求受灌顶的你与授予灌顶的上师之间的业缘。所以，在理想上，求受灌顶者应该毫无动摇地信任授予灌顶者与其法道，但要能生起这种虔敬心并非易事。

何谓“灌顶”？

梵语是一种极为丰富的语言，每个词汇都精细而富含多重意义，因此可做多种的解读。梵语“Abhisheka”（灌顶）的两个基本含意在藏语中被译为“torwa”与“lugpa”。torwa 通常翻译为“拆解”，其所指的是将我们包覆于内的“无明之茧”需要被拆解；而 lugpa 则翻译为“倾注”，例如倾注加持，或更精确地是指发现我们的佛性。然而，当我们试图了解此词所含藏的完整意义时，这种翻译可能会引起误解，尤其是“倾注”一词与“接受灌顶”的概念密切相关。

对于“灌顶”，最常见的是将它描述为某种仪式中的能力转移，给予了接受者闻、思、修金刚乘法教的许可；我们因而“接受灌顶”。但问题在于“接受灌顶”暗示了某人给予某种我们之前不具备的能力，有如英国女王授予某人“皇家骑士”的头衔一般，而这与密乘灌顶真实要义的差距实在太

---

[1] 度母：从观世音菩萨的眼泪化现的女性菩萨，是大悲心的女性化身。——译注

大了。

在灌顶中，我们被引介一个自己本具于内但尚未认识的面向，而启动这种认识的，就是所谓的“灌顶”。这才是“Abhisheka”（灌顶）的真义。

“灌顶”的理论

按照“无上瑜伽密续”的说法，主要有四种灌顶（其他还有许多种，而每种都能再被细分成更多种），每种灌顶都是为了拆解四种无明或染污而设计的。

（一）脉、脉络或通道的染污。

（二）气、语或风能量的染污。

（三）明点的染污，概略而言就是意的染污。

（四）前三种综合之残余物（类似“阿赖耶”*［梵 alaya］）的染污，有时被描述为“总基”（ground of everything）的染污。

仪轨使用物

灌顶几乎一定会使用仪轨物件、器具与素材，用以象征深奥的心灵转化。授予灌顶的上师首先将宝瓶置于受灌顶者的头顶，然后倒一点藏红花水（第一种灌顶的素材）在他们手中，并说：“饮此藏红花水。”接着，他从颅器中取一勺甘露（第二种灌顶的素材）给他们，甘露在密续中被视为是佛父与佛母精华的融合。第三种灌顶中所使用的仪轨素材是关于佛母的，现在通常使用某些空行母的图片。最后，在第四种文字宝句灌顶中，宁玛巴和噶举巴所使用的素材是水晶（这不一定必要），它象征心的本性。

灌顶的每个步骤都可以用非常详尽或非常简单的方式施行，而且也可能会运用到各种素材、咒语、手印与禅定。

水作为密续素材

佛教起源于印度，当地几千年来习惯用水来洁净身体。这是一个很容易被引入当今世界的习俗，因为我们也常把“在水中清洗”与清洁、净化联想在一起。因此，当我们清洗时，至少并未再积聚更多的污垢，这一点不难理解。

日常又普通的水经常被拿来作为奇特的密乘之物使用，其理由很多，最重要的是，人们的习性常被融入金刚乘的法道中。整个金刚乘法道的构成，都是来自于反映我们习性与习惯的善巧方便，就如同用水洗涤T恤是众所熟悉的习惯，所以不会有人想要用花园里的泥巴去洗。

然而，金刚乘的教法同时指出，我们所谓的“水”有很多种化现。我们大多数的人对于用水龙头或水槽里的水来洗东西不会有疑虑，但如果是使用取自马桶的水来洗涤的话，就会却步。当然，如新加坡等地，有些技术进步到冲过马桶的水与其他用水还可以一起回收再用，但是当我们看到它从淋浴喷头涌出时，却完全忘了它的历史，因为现在它是用来清洗身体的水了。同样的，水一旦被倒入供杯，马上就成为供养用的水。所以，虽然所有这种由一个氧原子与两个氢原子组成的无色液体（H_2O）通称为“水”，但当它与其他物体或状况相关联时，我们对它的显相就跟着改变：有气泡的是饮用水，浴缸里的是供人清洗的水，花园里破铁缸的是给狗洗澡的水，加到汽车散热器里的水变成了冷却系统，而池子里的水是用来游泳的。这种状况有时会变得很极端，例如在瓶装水的世界中，有个日本品牌，一瓶两百毫升的水竟然要卖到一百多美元！

既然我们习惯于把水转化为各种不同的形式，坚持某种水“清净”而另一种水“普通”的这种逻辑，与我们分别饮用水与厕所用水的逻辑是相同的，那么，为何不把它也作为密续的素材？所以在灌顶中，水被作为一种供品来使用，有时甚至每滴水都被视为主要本尊的坛城。酒与食子 *（torma）有时也拿来用做供品，所有这些供品都被观想为具有不同的功能。

修法：自我灌顶

我们在日常修法中，显然不必准备所有的仪轨物。事实上，以禅定及观想修持来进行自我灌顶，比起繁复的仪轨效果不会不同，甚至更强而有力。

四种灌顶通常是在“上师瑜伽”的结尾，你接受的次数愈多愈好。因此，你可以考虑在每持咒一轮念珠后，重复一次灌顶的观想。

你或许会想在一座修法之内接受全部的四种灌顶，或在一段时间内（例如一个月或一年）集中于一种灌顶，然后再换到下一种。如此，在第一年的“上师瑜伽”修持中，你可以只观想白光从上师额头射出，到了第二年，红光由他的喉间射出，依此类推。如果你决定以这种方式修持的话，请别忘了要完成剩下的灌顶，而如果时间紧迫，你可以稍微简略地加速进行，但是一定要全部完成。

宝瓶灌顶

观想白色种子字“嗡”（OM）于上师额头。如果你觉得很难清楚地看见这个字的话，不必担心，只需要想象一束强烈、明亮的白光从上师额头放出而融入你的额头即可，这与修持“金刚萨埵”的观想类似。白光特别净除你的“脉”（细微的通道）与五处“轮”（能量中心）的染污，以及你的身体所造的一切恶行。然后，想象上师的“身”与你的“身”合而为一，不可分离；换句话说，你的“身”成就为“金刚不坏身”(indestructible vajra body)。

如此，你已获得了宝瓶灌顶，“生起次第”之门已为你打开，随着白光充满全身，化身的种子已然在你身上播下。

秘密灌顶

观想红色种子字“啊”（AH）于上师喉间，耀眼的红光由此放射而出，融入你的喉间，净化你的“语”的染污与“气”（内气）的蔽障。随着红光融入于你，想象你的“语”与上师的“语”（金刚语）合而为一，不可分离。

现在，你已获得秘密灌顶，“圆满次第”*（梵 sampannakrama）的大门已经打开，报身的种子已然在你之内播下。

智慧灌顶

观想蓝色种子字“吽”（HUM）于上师心间，发出炫目的蓝光，融入你的心间，驱除“意”的所有染污，净化明点（能量）所有的蔽障。你的“心”与上师的“心”（金刚意）合而为一，不可分离。

如此，你已获得智慧灌顶，“立断”*（藏 trekchö，两种无相圆满次第修持的第一种）的大门已经打开，而法身的种子已然在你心中播下。

文字宝句灌顶

观想另一个蓝色种子字“吽”（HUM）于上师心间，更多的蓝光自此射出，并融入你的额头、喉间、心间与整个身体，驱除你所有的染污、残留的染污以及任何残余的习性。你得到上师身、语、意的加持，你的身、语、意与上师的身、语、意（金刚智慧）合而为一，不可分离。

你现在已获得文字宝句灌顶，它摧毁了阿赖耶以及所有“心”的痕迹。自生智慧的大门已然打开，自性身＊（梵 svabhavikakaya）的种子已经在你之中播下。

从理论上而言，在这个最后的灌顶中我们摧毁了一切染污之根，藉由观想更多的蓝光由上师心中“吽”（HUM）字放射而出，我们获得上师身、语、意的加持。

如果你依据的前行修行在细节上略有不同的话，无须担心，按照你的法本去做即可。

你如何知道自己是否确实获得了灌顶呢？我们常以为只要历经了灌顶仪式的过程，就会获得灌顶。啜饮过加持水等仪式，也许从象征性的角度而言是已足够，但从实际上而言，则远过于此。诚如策列·那措·让卓所说，如果你仍然体验现象（外在载体与内在内容）是“世俗的”，那么你就尚未获得宝瓶灌顶；如果你无法体验所有音声都是咒语，那么你就尚未获得秘密灌顶；如果你无法体验所有的心所（mental factors）[1] 与妄念都是智慧，那么你就尚未获得智慧灌顶；而如果你不理解一切都是法身，那么你就尚未获得文字宝句灌顶。

认识心的本性

在第四种灌顶的最后，当你的心与上师的心融合之后，你有绝佳的机

---

[1] “心所”是“心所有法”的简称，也就是为心所有的各种思想现象，共有五十一法，与心同时生起，执行个别的作用，以认知对象。——译注

会来修持揭露心性以及稳定心性认知的技巧。这是获得证悟的唯一迅捷之道，而且根据顶果·钦哲仁波切所说，这是认识心性最快的方法。持续凝视“明”与“空”的结合，恰如其本然如此，未曾一刻与你自己分离，并毫无散乱地安住于此认知之中。他说，没有任何有情众生曾有片刻与自己的心性分离，但是，由于对此毫无觉知，于是我们去追逐各式各样的迷妄。所以，要生起悲心并祈愿：愿所有众生明了胜义谛——“觉一空无造作之心”（awareness-emptiness uncontrived mind）即是究竟法身，而且从未与我们任何人分离。向心的本性祈愿，纯然依赖它，并渴望证得它。

顶果·钦哲仁波切又说，如果你能衷心地向慈爱的耶喜·措嘉佛母（Mother Yeshe Tsogyal）[1] 祈请，她无疑地会以其悲心来拥抱你，并在此生、来生以及你在经历中阴的时刻，与你永不分离。所以，当你接受各种教法与灌顶时，要想象这些都是耶喜·措嘉佛母所授予你的。

生起次第与圆满次第

虽然本书大部分是有关前行修持的建议，但是了解一些生起次第与圆满次第的内容，或许会有点帮助。对于那些想要做这类修行的弟子，或许还可以当作一道开胃菜。

金刚乘有两种主要的禅定修持，即生起次第与圆满次第，这两种禅定反映了所有的现象都有起始有终结、有生有灭、有生有死的事实。为了清净起始，我们修持生起次第；为了清净终结，我们修持圆满次第。这两种

---

[1] 耶喜·措嘉佛母是莲花生大士的秘密佛母与大弟子，她帮助莲师广传佛法，特别是为后代弟子埋藏伏藏。——译注

修行次第背后的目的，是极其广大而深邃的。虽然这可能是个粗略的归纳，但生起次第的目的是为了证得一切显现与存在（显有）的本质，而圆满次第的目的则是为了证得空性的本质。

一般而言，“显现”与“空性”这些名词给人的印象是两个不同的实体，但在金刚乘佛法中，它们并非分离的。“显现”与“空性”的分离造成根本无明，为了结合这两者，金刚乘于是提供给我们生起次第与圆满次第的技巧。我们在观赏彩虹时，某种程度上知道它虽然看起来很美，但并无坚实的存在。而在另一方面，当我们看着自己的血肉之躯时，却缺乏能力去理解自己所见的一切都只是“显现”与“空性”的结合，恰如彩虹一般。

生起次第涉及各种密续的方法，包括观想自己为本尊、莲花、日轮与月轮座，以及从本尊心间放射与收摄光芒。圆满次第则涉及两种禅定——“有相圆满次第”与“无相圆满次第”。“有相圆满次第”包含许多阿努瑜伽 *（梵 anuyoga）的修持，例如观修“轮”与“脉”，以及把“气”有意识地集于中脉 *（梵 avadhuti）来控制，还有梦瑜伽（Dream Yoga）、中阴修持与拙火 *（梵 Kundalini）等修持，这些都包含在“有相圆满次第”的修行之中。在此之后，则是“无相圆满次第”，这是最高形式的“观”的修持。

遍知昆秋·龙达（Je Könchok Lhundrub）说，藉由生起次第的修持，修行者能以世间万物作为修行之道；而藉由圆满次第的修持，修行者能转化所有烦恼（情绪），并以其为修行之道。

荟供

在此年头，虽然荟供并非前行的一部分，但很多金刚乘团体用它作为某种每月一次的盛宴。然而，它其实比一个派对的借口要来得重要许多。

要“如法”地做荟供，很多方面是相当困难的。仅仅只是集合适当的会众就够困难的了，要找到正确的供品，那就更是难上加难。

在印度，最高尚、最尊贵的种姓是婆罗门。在佛陀的时代，婆罗门的思想主导着印度社会，任何一种肉类都被认为是最下等、最肮脏且是最没人要的物品。直至今日，严格的婆罗门家庭成员都不愿邀请吃肉食、穿皮衣的老外*（Inji）到家里用餐，因为他的家人会认为像你我这种人，只比动物好一些而已。然而，佛教最高教法所用的方法，目的即在对抗婆罗门惯常的禁忌与偏见，因此所有他们认为禁忌的物品，都成了荟供的一部分。

现在，很多佛弟子把香槟酒与上等牛排用在荟供中，但是做这种供养要谨慎而行。对于那些并非生活在婆罗门文化的人而言，肉与酒是常见的膳食附属物，根本未受到鄙视。因此，使用当代社会不接受或不欲求的物品来做荟供的目的，已完全丧失。理想上，我们应该供养一盘盘的大便，因为对现今科学化的心智而言，细菌与粪便几乎普遍地被认为是“肮脏”的，甚或是极其危险的。而就技术上而言，荟供的意义在于修行者对他们所食之物应无偏好；一盘粪便与一片美味的起司蛋糕，应该都视如同样的珍馐。

当代的金刚乘修行者所面临的另一个问题是，荟供常变成极度喧嚣而狂野的派对。上师与弟子们双方所显现出的缺乏戒律，不仅使得本来就令人怀疑的这个传统名誉蒙尘，而且更违背了大多数的金刚乘荟供三昧耶。

很多弟子都被告知要供奉最好、最昂贵的饮食，以作为帮助自己不再执著金钱的一种方式。这确实有效，但同时我们也不可忽略“无二元分别”的概念。对金刚乘修行者而言，无论是粪便或牛排，本质上都是相同的，因此荟供不应当只有最干净、最美味的食物。话虽如此，但我绝对不建议你在荟供中供养粪便，因为我们闻到它时所生起的反感，反而有可能会非常严重地违犯三昧耶。

对于刚刚接触前行的人而言，荟供的繁复修持方法或许会令人感到有点太过复杂，所以你可以用一个很简单的方法来修持。你只需要在正常用餐时，念诵自己喜爱的任何荟供祈请文，例如米庞仁波切的《如雨之加持》（*The Shower of Blessings*），或者拿些饼干与水果作为供养，并同时念诵荟供祈请文即可。

第十四章 有关修持的忠告

以情绪（烦恼）为道

在《维摩诘所说经》（梵 *Vimalakirti Sutra*）中，文殊师利菩萨指出莲花无法在干旱之处生存，只有生根于潮湿的泥土才会盛开。同样的，只有那些我执与情绪（烦恼）大如须弥山的人，才能生起阿耨多罗三藐三菩提心。[1]

情绪在心灵之道的每个阶段，都能派上用场。譬如说，如果你是属于“贪爱泛滥”的人，也许可以尝试去遵循特意避免让贪爱付诸行动的法道；或者，也可以尝试容许贪爱来主导自己的行为，但不被它伴随而来的蔽障

---

[1] 《维摩诘所说经》，第八品《佛道品》，“于是维摩诘问文殊师利：‘何等为如来种？’文殊师利言：‘有身为种，无明有爱为种，贪恚痴为种，四颠倒为种，五盖为种，六入为种，七识处为种，八邪法为种，九恼处为种，十不善道为种。以要言之，六十二见及一切烦恼皆是佛种。’曰：‘何谓也？’答曰：‘若见无为入正位者，不能复发阿耨多罗三藐三菩提心。譬如高原陆地，不生莲华，卑湿淤泥乃生此华。……如是入无为正位者，不生佛法；起于我见如须弥山，犹能发于阿耨多罗三藐三菩提心，生佛法矣！是故当知，一切烦恼，为如来种。’”（《大正藏》第十四卷，p549a–b）——译注

所困。正如文殊师利菩萨所说："一切烦恼，为如来种。"[1]

你千万别因自己巨大的情绪而感到挫折或被它征服，也不必自困于这种想法——认为在最终证得心的本性之前，要完全克服这些情绪会是多么困难，甚或无望。诚如堪布恩加（Khenpo Ngaga）所说，一切的染污都是暂时的。他所说的完全正确，我们的染污是暂时的，因此相对地就易于舍弃与净化。然而，若不经过修行，我们会因为对它们太过于熟悉，而无法觉察它们。也正因如此，它们不会自动崩解，这点值得我们谨记在心。然而，由于情绪确实是暂时的，因此，即使是以最少量的禅定修持，也很容易令它们分崩离析。

金刚乘弟子们常有沙文主义的倾向，他们以为"以情绪为道"是金刚乘的独门秘诀，因此一有机会都如鹦鹉学舌般地重复。但他们错了，根据蒋贡·康楚·罗卓·泰耶所说，所有三乘都包含如何"以情绪为道"的教法。

三乘的方法——舍弃、转化与了知

蒋贡·康楚·罗卓·泰耶根据"舍弃"（abandoning）、"转化"（transforming）与"了知"（knowing）三种行为来教导三乘。他的教授不仅提供了如何修持佛法的实际建议，更明确地定义了声闻乘、菩萨乘与金刚乘。他也提供了如下三种处理"贪爱"的主要方式：

（一）声闻乘的方法是以压制、拆解与劝阻，来"舍弃"贪爱。

（二）菩萨道的方法是"转化"贪爱，因此你不必然要舍弃它，但是不允许以狂野、未调伏或有害的方式随意地任其出现 。

（三）金刚乘的方法是"了知"一切贪爱的本质。修行者以全然的"无作"

[1] 参见前页注释 [1] ——译注

来圆满这种“了知”，亦即不顺从于情绪。同时，不对贪爱生起厌恶，当然也不以转化它而将它舍弃或矫正。单纯地只是觉察它，就足以保证我们不会陷入它的游戏。

密咒乘的方式是“不造作”。在无造作的境界中，只是单纯地去认知。

声闻乘的方法——舍弃

声闻乘的方法是，每当情绪生起时，便试图去阻挡或舍弃它，提醒自己轮回生命的徒劳无益，并且分析沉溺于情绪会带来的痛苦。当你开始明白与情绪妥协无法带来任何真正的快乐，因而对它们感到厌恶时，你就距离培养“出离心”稍微更靠近了一步。

在实际上，每当贪爱生起，就会造成痛苦，虽然在某些方面它似乎会令人快慰，但所有的情绪最终都会造成痛苦。欲望可能带来“极喜”的感受，或至少是某种满足，但是同时，它也会滋生希求更多类似体验的期待，以及担心它不再发生的恐惧，这都让痛苦无可避免。

声闻乘的修行者藉由类似“不净观”[1]的修持，来舍弃贪爱的情绪，这种禅修也被称为“观无常”。想象你面对着拥有醉人美貌、令人意乱情迷的对象，正当激情上升时，你去分析此情欲对象，分解他（她）身体的每一部分。剥开肌肤露出血、脓与黏液，切开肠子来看粪便。你很快就会知道，在这种检视之下，没有人能保持“美丽”。突然之间，你所垂涎的对象就不

---

[1] “不净观”是指思维身体各器官与组织（三十二身分，例如头发、体毛、指甲、牙齿、皮肤等），或尸体的腐败之相（例如肿胀、青瘀、脓烂、断坏、食残、散乱、斩斫离散、血涂、虫聚、骸骨十相），其目的在于藉由观察色身的丑陋与无常，而减弱对色身的执著。——译注

再吸引你，不再令你痴迷，因为他们身上并无本具珍贵或值得爱慕的东西。

千万别把佛教徒的“观无常”与“不净观”误认为是正当性的蔑视，或是对人体、女性的侮辱。将一个美丽的整体分解为不太美丽的部分（血、脓等），目的是在平息我们的欲望。这是毫无风险的修持，因为它要我们做的只是单纯地面对所痴迷的对象，让我们看见其原始而未加修饰的真相而已，但我们通常都会发现，这些真相令人难以“下咽”。

一般而言，这种声闻乘的方法，要比满布风险与陷阱的秘密金刚乘更适合我们修持。声闻乘教法不仅单纯、直接且坦诚，同时它也针对着不变的日常真理，例如“诸法无常”、“诸漏皆苦”等。

菩萨乘的方法——转化

除了应用声闻乘的方法之外，菩萨乘还强调转化情绪的方式。怎么做呢？例如，发愿自己能吸收所有众生的嫉妒，使得他们因而都能彻底断除嫉妒。运用这种方式，就能转化我们所有的情绪。

身为佛教徒，你所接受的教导大都认定嗔恨是负面的情绪。因此，对于自己在心中所生起的任何嗔恨倾向或念头，你的第一个反应就是要排斥它。而你排斥它的理由，是因为你珍爱“自己”，因此你成为一个自我中心者。身为自我中心者，你不想让嗔恨、嫉妒或任何其他负面的情绪，威胁到自己成为公认的“好”佛教徒的机会。

然而，根据菩萨道更广大的见地，排斥你的嗔恨其实是一种缺点。想要排斥坏的，而只想保留好的，表示你仍被我执所染污。因此，当菩萨道修行者注意到自己的嗔恨时，她反而应该想：“嗔恨确实不好！但我不是唯一深受其苦的人，一切众生都饱受其苦！所以，愿我能为一切众生承担嗔恨、嫉妒与憍慢。”

从相对的层次而言，当你承担他人的痛苦时会如何？在根本上，你忤逆了“我执”的愿望。所以，假如你的我执想要成为众生中最神圣、最无上者，以便炫耀它毫无贪欲或嫉妒的话，那么这绝对是你应该修持以便对抗并抵制它的法门。藉由持续不断地如此修持，我执会变得愈来愈小，直到它终无立足之地。一旦如此，你的情绪会变成什么？届时，它们就会像稻草人或海市蜃楼般地无有生命。你能想象没有一个“你”或“我”会是什么状态吗？你所有的嗔恨与贪爱会到哪里去？你该如何是好？

菩萨也了知情绪是和合而成的现象，它们终会耗尽。究竟而言，既然情绪并非真实或永久存在之物，因此它是无自性的。如果情绪不是本具空性的话，它们就会是“真实的”，因此转化便毫无可能。具备了这种理解，菩萨因而能转化自己的情绪。

金刚乘的方法——了知

金刚乘告诉我们，任何时候当贪欲或其他情绪生起时，只要“看着”(watch)它，别做任何事情——不要造作。但这是一个很容易被误解的指导，当情绪生起时，“不要造作”单纯地意指“不要做任何事”。它并不表示如果你正在街上行走就应该停下来，找张长椅盘腿而坐，并试图去“看着”情绪。此处的重点是当你注意到情绪时，大部分的人都习惯于追随它，而非“看着”它。当感受到贪爱时，我们就跟从自己的贪爱；感到愤怒时，我们就跟从自己的愤怒，或者仅仅只是压抑它而已。

那么，我们应该如何处理情绪呢？完全不要造作，只要看着它就好。当你注视情绪的那一刹那，它就会消失。初学者会发现情绪很快会再次出现，这不要紧，重要的是，当你开始看着自己情绪的瞬间，它们立刻就会消失。即使只消失了一瞬间，“情绪消失”的这个事实，便意味着智慧的曙光在片刻之间出现了。“了知”所指的就是认知此赤裸的觉性。

“了知”情绪，就是理解到：由于情绪没有根源，因此它不存在，也从未曾存在。有些人谈到情绪，尤其是负面情绪时，就把它们看成某种执意要入侵你的可怕邪魔之力，但它们完全不是如此。

当你感到愤怒时，只管看着自己的愤怒；不是看着愤怒的原因或结果，而只是看着愤怒情绪本身。当你注视着自己的愤怒时，会发现没有任何东西你可以指着它说：“这是我的愤怒。”而理解到该处毫无一物存在，就是所谓的“智慧初开”（dawn of wisdom）。

同时运用舍弃、转化与了知

你可以将这三种方法一起练习。例如，当你走在街上，突然感到强烈的嗔恨时，便可以同时运用舍弃、转化与了知。

（一）提醒自己嗔恨只会引来更多的痛苦，因此发怒有什么用呢？无论引起你愤怒的是什么，它都纯粹是自己显相的产物。能在一瞬间了悟自己所感受的情绪是徒劳无益的，这就是在修持声闻乘的征象。

（二）发愿承担所有众生的愤怒，愿他们因而能彻底地断除愤怒。如此，你就是在修持菩萨乘。

（三）只是看着你的情绪而不加任何造作或批判，这就是与金刚乘相关的修持。

最后的忠告

其他的修持方法

如果你的日课是修持前行，并且依照传统方式在累计每项修持的话，那么你就按照法本上的顺序去做，但要把大部分的时间花在你要累积的修持上。如果你正在累积大礼拜的数量，那么就花最多的时间在修持“皈依”上，然后再念诵“生起菩提心”、“金刚萨埵净化”、“供养曼达”与“上师瑜伽”等其余的修法。等到完成了十万遍的大礼拜，你还是从“皈依”开始修持日课，但把最主要的座修放在“生起菩提心”上，然后再念诵“金刚萨埵净化”、“供养曼达”与“上师瑜伽”来结束修法。如此完成每项前行修持，直到完成你要累积的数量为止。

一般认为，修行者都应该累积每项修持达十万遍，常常还要累积至少一百万遍的莲师心咒，并且依照前行法本上的顺序去进行。但是，你的上师有可能不会指示你这样做，而是各花一段时间，例如四个月或一百个小时，去修持每一项。

你也可以按照不同的顺序来进行。例如，如果你有时间又有大量的精力，那么便可以在早晨累积大礼拜，晚上累积“供养曼达”。之后，当你不想那么活动身体时，便可以用静坐来累积百字明咒。无论你怎么做，目标始终应该是累积每项修持至少达十万遍。这就是所谓的“完成前行”。

你一定要以“皈依”与“生起菩提心”开始，并以回向你的修持给一切众生的究竟幸福与证悟作为结束。

如果你要做前行闭关，修持的方式是相同的，但你应把一天分成三座或四座，并且在每座之间都要从头到尾完成前行。

闭关

闭关时间的长短没有一定，可以从一个周末到整个一生，至于你的修持日程有多严格，全视自己的情况而定。

做前行闭关，你无须设置繁复的坛城，而你所需要的仪轨物也在本书前面提过。

如果你要闭长关（一年至三年），最好自己规划一个比较宽松的日程。如果你的闭关时间很短（一两天或一周），那么日程就要安排得紧凑一点，因为如果时间有限，最好尽量抓紧每一时刻。

你结界的严密程度，完全取决于个人的需求与情况。如果闭关的时间长于一个月，要在结界范围内包括医生、水电工、牙医，以及在紧急状况下可能需要召唤进来的人。

无论是结界或解界都无需太多仪式，我注意到，一般对这种仪式大张旗鼓的人，通常都不太能守住他们的界限。在修持的空间结界，是为了提醒自己闭关的意义在于从散乱中抽离，而这种抽离只有自己才有能力做到，没有其他人能够或应该将它强加于你。

一个严格的闭关应该有相当长时间的座修与相当短时间的休息，而且完全不与外界沟通，无论是面对面或经由电子邮件、短信或其他任何形式。你也绝对不该主动从电视或广播里找寻讯息。

如果你决定进行短暂而严格的闭关，第一座可以在凌晨三点开始。七点用早餐，然后修第二座。午餐可以在中午左右，然后修第三座。第四座则在晚餐之后。晚餐时间可由你决定，每次休息时间的长短也由你决定，这都取决于你的意志力与精进的程度。

闭长关时，最好有个不在闭关的人帮助你，例如帮你带来食物，或帮忙买药品，或各种必要的采买等。

如果你要更讲究，想了解更多的闭关配件，请你去请教闭关上师，或已经完成过闭关的人，或参考闭关指南。

重要的是要在整个闭关过程中，持受所有你在第一天所立下的誓言。一个好的建议是，绝对不要在一开始时许下过多誓言，然后在闭关过程中再想办法通融。比较好的办法是，立下有弹性又能兑现的誓言，然后日复一日地自我规范。以此方式闭关，你就不会因为破戒的“业”而受到染污，而且还会因为做得比本来承诺的更多，而积聚更多福德。

睡瑜伽与醒瑜伽

想要把日常的睡眠活动变得有价值的人，可以尝试修持“睡瑜伽”（Sleep Yoga）。当你上床躺下时，观想并专注莲师在自己的心间。在目前的阶段，如此做即可。

在早晨时，莲师从你的中脉升起并端坐于头顶。你可以念诵下列《龙钦心髓前行》中的特别祈请文来引请上师，或从其他来源选取任何一段。

上师，请关照我！
从我内心绽放的虔敬莲花之中，
大悲上师升起！
我唯一的皈依！
我饱受过去业与混乱情绪之苦，
为了保护我
于此不幸中，
请安住我头顶（大乐之坛城）
作为珍宝严饰，
令我生起所有的正念与觉知，我祈请！

睡眠时，“上师住于心间”的概念是一种象征性的教法，亦即告诉你外在上师其实是自己的佛性。当然，在第二天早晨醒来时，身为二元对立众生的你，仍然会认为外在上师是个于你之外的人，为此，金刚乘教导我们要把上师从心间升到头顶。

很多人觉得依照既定的日程进行时，修行比较容易，他们也喜欢听铃声的召唤来修行。对某些人而言，有个日程表是很好的，而共修虽然很重要，但要记得它的目的是在启发个人的修持。

个人的修行最为重要，如果你有时间，应该去做正式的前行闭关，每天修持三到四座。你也可以用累积前行作为日课，如果不想一次性完成十万遍大礼拜，然后才开始累积“金刚萨埵”等其余修法的话，你也可以先做两万遍大礼拜，然后累积两万遍百字明咒，再回去继续累积大礼拜。另一种选择，你也可以同时累积所有的四加行。无论你做何决定，我建议你专注于每项修法的“融入”部分，而且在你的心与上师的心相融之后，尽可能地安住于那种“不可分别”的状态之中，愈久愈好。

进步的征兆

修行中进步的征兆是什么？我们能期待些什么？我们是否应该等待上师的信号或奖励？根据噶玛·恰美仁波切所说，我们不会有任何觉受，没有任何特别的梦境，也毫无清净的显相。当你的出离心、伤悲之心与虔敬心在心中如火般炽燃时，往昔噶举派的上师会赞扬这是“征兆之王”（king of all signs）或“无兆之兆”（sign of no-sign）。最值得你珍视的征兆，包括：对佛法修行日益增强的胃口；觉察到所有从事之事都徒劳无益；与旧习气产生的结果生起日趋强烈的冲突；还有，虽然你仍有心参加朋友的派对，却被一种觉得毫无意义、纯属浪费时间的恼人感觉所困扰。

因此，你不必时时刻刻以完成修法为目标；相反的，你应当接受“自己的心灵之旅将永无终点”的见解。你的旅程起始于希望亲自带领一切众生获得证悟，所以，直到那个愿望达成之前，你身为菩萨的事业，将永无止息。

致谢词

无论是否有价值，动念写这本语无伦次的书，最初是在马丘比丘（Machu Pichu）的一座山顶上，而终稿于我印度比尔（Bir）的家中。

本书的内容是以2001年我在德国西尔茨（Silz）所给予的教授为基础。在那次教授之后，大家花了很多的时间与精力做了录音的文字稿（有些弟子将它复印并分发到各处），后来钦哲基金会（Khyentse Foundation）出版了由香奈儿·格鲁纳（Chanel Grubner）编辑过的版本，并且提供了免费下载。

然而，每次我听自己给过的教授或阅读文字稿，几乎都无法理解自己所说过的话。更糟的是，我发现自己经常无意间以错误的讯息误导了听众。所以，从很多方面而言，由于我担忧在西尔茨所犯的错误会有业果，才促使我重新组织并矫正了那些有关《龙钦心髓前行》的教授，《不是为了快乐——前行修持指引》这本书因而产生。

如果本书能带来任何极为微小的利益，那么，首先且最主要的，要归功于所有令我敬畏的上师们，尽管我仍对这些智慧与慈悲的辉煌化身们竟然曾经行走过这个世界的事实，深感困惑。

如果本书让人可阅读或能理解的话，都是由于一位在此生名为洁宁·休兹（Janine Schulz）的英国女士。还有许多人饱受做牛做马的编辑之苦——由于我不可靠的习性、不完整的句子与缺乏耐心的倾向；还有很多人牺牲了宝贵的时间，对原稿提供了建设性的批评或各种资料。他们包括黄净蕊（Jing Rui）、朵玛·甘特（Dolma Gunther）、艾莉赛·德·格兰德（Elise de Grande）、许功化（Florence Koh）、诺雅·琼斯（Noa Jones）、凯瑟琳·佛罕（Catherine Fordham）、阿利克斯·夏基（Alix Sharkey）、汪海澜（Helena Wang）、尼玛·杨晨（Nima Yangchen）、贝玛·亚伯拉罕（Pema Abrahams）、亚历克斯·特力索里欧（Alex Trisoglio）、邵新明（Sin-ming Shaw）、史提夫·克莱因（Steve Cline）、雅各·莱西里（Jacob Leschly）、亚当·沛尔西（Adam Pearcey）、安妮·班森（Ann Benson）、赖里·默梅尔斯坦（Larry Mermelstein）、凯洛琳·吉米安（Carolyn Gimian）与比丘尼锦巴（Ani Jinpa）等。

我们活在一个完全由因缘所构成的世界里，因此在写作本书中不免需要费用。在此，衷心感谢拉堤有限公司（Rati Ltd.）慷慨地负担了我所有的花费。

对于那些设法随意翻阅本书几页的人，虽然不太可能从所读到的文字中获得任何利益，但是，愿你至少被佛法彻底迷住，无论经由何种方式。

译者后记

这是一本当代版的《普贤上师言教》。

宗萨钦哲仁波切以其深广的悲心与浩瀚的智慧，为金刚乘道上的学子写下了这本关于金刚乘“前行”的指引。《不是为了快乐——前行修持指引》一书，不只是前行修持不可或缺的指南，更是一部满盈“窍诀教授”的精要法教。金刚乘的修行者，无论是做“前行”还是任何其他修持，一定会如我一般，发现仁波切以其特有的诙谐与叮咛的智慧话语，在书中给了我们得以导正缺失、免于执著的珍贵教诲。

仁波切为了让全球所有的中文读者能尽早接触此书，再度特别安排在英文书尚未定稿前就进行翻译。（英文书名为 *Not for Happiness*：*A Guide to the So-called Preliminary Practices*，于 2012 年 3 月由香巴拉出版社［Shambhala Publications］出版电子书。）同时，仁波切也在英文电子书出版后，于译者请示不明了之处，加以补充说明。仁波切也提供了 2012 年初在斯里兰卡拍摄电影时之摄影作品，更为本书增色不少。

我很荣幸能为此书的翻译献上微薄之力。我要特别感谢四位同修——Laurence、Liz、Tony、Yi，他们在极短的时间内费心完成了大部分的初稿。也要特别感谢见澈师父再度帮助校对。见澈师父精湛的佛学素养与细腻的校稿功夫，大大地弥补了我学浅又粗糙的译文。我也要特别感谢徐以瑜女士，她深厚的佛学底蕴与对藏文的熟稔，随时给我甚多帮助。也要感谢苏南·彭措喇嘛（Lama Sonam Phuntsho）对多处名词的解惑。更要感谢橡实文化的周本骥总编辑，容忍我一再地拖延。当然，本书中文译本所有的疏漏与错误，都是我个人才疏学浅之过。

在书中，我延续《正见》一书，将“emotion”一词大都翻译为“情绪”，仅在某些地方加注“情绪（烦恼）”，或在极少数恰当之处，直接译为“烦恼”，原因是使用“情绪”一词，一方面在文句上经常比较顺畅，另一方面也可避免与当今“烦恼”一词的通俗意义相互混淆。同时，我也延续《普贤上师言教》，将“perception”一词翻译为“显相”。另外还有一些词语，例如谈到我们与上师或本尊“融入”时的“无二”状态，我有意不将它们统一，希望这种不可言说之境不被固定词语所限。当然，这些都是我的浅见，尚祈各方大德指正。

当然，最要无限感激的是上师宗萨蒋扬钦哲仁波切。再度地，在我浮沉于伸手不见五指的漆黑轮回大海中时，仁波切满盈慈悲与智慧的这本书，恰似倏然出现的闪电，让我得以在刹那间一瞥航行的方向。

翻译此书若有任何的福德，谨将之回向我已往生的慈母，以及一切如母的众生，愿他们都速证菩提。

姚仁喜　谨记

2012年4月30日

名词解释

以下词汇定义多数借用或修改自“本觉维基”（rigpawiki.org）与莲师翻译小组（Padmakara Translation Group）所出版的书籍之词汇表与参考资料，经由他们慷慨允用。其他资料来源则另行注明。

二画

十方（ten directions；梵 dashadiga；藏 phyogs bcu）：四方（东、西、南、北）、四隅（东南、西南、西北、东北），以及上、下两个方位。

十四根本戒（fourteen root samayas；藏 rtsa ltung bcu bzhi）：又称“十四根本堕”。为新译派（Sarma tradition）十四条主要的三昧耶，包括：（一）诋毁金刚上师；（二）违犯如来之教；（三）嗔恨金刚兄弟姐妹；（四）舍弃对众生的慈心；（五）舍弃菩提心；（六）诋毁经典与密续的教法；（七）对未成熟者宣说密法；（八）伤毁自身；（九）舍弃空性；（十）与诽谤上师、佛、法、僧者为伴；（十一）对正法不起信解；（十二）令信士对教法生厌；（十三）不备妥法器圣物；（十四）诋毁女性。

《入菩萨行》（*The Way of the Bodhisattva*；梵 *Bodhicharyavatara*）：寂天（梵 Shantideva）对大乘之道的经典指南。

三画

三乘（three yanas/three vehicles；梵 triy na；藏 theg pa gsum）：从基础乘与大乘的观点来看，"三乘"是指声闻乘、缘觉乘（梵 pratyekabuddhayana）、菩萨乘（梵 bodhisattvayana）；而从金刚乘的观点来看，"三乘"是指基础乘、大乘、金刚乘。

三增上学（Superior Threefold Training；藏 bslab pa gsum）："三增上学"是：（一）增上戒学；（二）增上定学；（三）增上慧学。它们之所以称为"增上"（superior），是因为此三者与其他非佛教的仪轨或禅修不同，依此三学可达到解脱与遍知。

大手印（Great Seal；梵 Mahamudra；藏 phyag rgya chen po）："大手印"是噶举派（Kagyü）的禅定传承，由印度的弥哲巴（梵 Maitripa）与那洛巴（梵 Naropa）传给西藏的马尔巴（梵 Marpa）大译师。"手印"意指包含了轮回、涅槃与法道上的所有现象；换句话说，它们被"封印"（seal）于其中。称它为"大"，是因为没有任何法道能超越它。

大圆满（Great Perfection/Great Completeness；梵 Mahasandhi；藏 rdzogs pa chen po）：藏语"Dzogchen"或"Dzogpachenpo"即指大圆满。大圆满的修法是西藏佛教传承中最古老、最直接的智慧之流。

四画

止（梵 shamatha；藏 zhi gnas）："止"是平息或控制心的一种禅定技巧，常见于佛教与印度教，因此有时被称为"共"（normal，或"一般"）的禅定。梵语 Shama 意即"寂静"（peace），tha 意即"住"（to dwell）或"稳定"（stability）。藏语

zhi 也意指“寂静”，而“gnas”则是“安住”（to abide）之意。所以，它有时也称为“安住于寂静”（calm abiding 或 peacefully remaining）的修持。

五大（five primary elements；藏 ’byung ba chen po）：“五大”为组成世界的基本元素，由其生起一切示现，包括物质宇宙与所有住于其中者。它们之所以称为“大”（great；藏 chen po），是因为一切皆依于此，而且五大遍在各处。教法中提及“四大”（地、水、火、风）、“五大”（地、水、火、风、空）或“六大”（地、水、火、风、空、识）。

五蕴（five skandhas；梵 pancaskandha；藏 phung po lnga）：五种心理 / 生理的集合。按照佛教哲学的观点，这些是我执的基础，它们包含色、受、想、行、识诸蕴。

化身（梵 nirmanakaya；藏 sprul sku）：“无尽化现之次元”，被定义为色身（rupakaya）之一。化身自报身所主宰之缘而生起，以清净或不净相显现，来调伏各种众生。

气（梵 prana；藏 rlung）：藏语“rlung”亦译为“风”（wind）、“能量”（energy）或“内气”（inner air）。根据藏传佛教密续所述，它是指在身体的心理 / 生理系统之微细通道中穿行的“气的能量”（wind-energies）或“心理之气”（psychic winds）。

内气（inner air）：参见“气”。

中脉（梵 avadhuti；藏 rtsa dbu ma）：中脉是三支主要微细脉（梵 nadi）之一，垂直贯穿于人体之中。

心理染污（namtok；藏 rnam rtog）：意为“心理染污”（mental contamination）、迷惑。（译按：或译为“虚妄念头”、“分别心”。）

巴楚仁波切（Patrul Rinpoche，1808~1887；藏 rdza dpal sprul rin po che）：又名“乌金 · 吉美 · 确吉 · 旺波”（Orgyen Jikmé Chökyi Wangpo）。他是一位证悟大师，虽然过着流浪者的生活，却是 19 世纪最杰出的心灵导师之一。他的根本上师吉美 · 嘉威 · 纽古（Jikmé Gyalwé Nyugu）是一位伟大的上师，也是吉美 · 林巴的主要弟子之一。巴楚仁波切师从吉美·嘉威·纽古，从其处接受了二十五次以上的《龙钦心髓前行》的教授，以及其他许多重要的灌顶。他不时地记下自己的论述，后来收集成六大册，其中之一即为《普贤上师言教》（*The Words of My Perfect Teacher*；藏 *Kunzang Lama'i Shyalung*）。

五画

四加行（Four Foundations）：更精确地说是指“四不共加行”，包括“皈依”、“生起菩提心”、“金刚萨埵净化”、“供养曼达”，或加上“上师瑜伽”，称为“五加行”。亦有将“皈依”与“生起菩提心”合一，统称此四项为“四加行”。这些都是金刚乘修持的前行，通过如是渐进的修持，将心相续调整到适合修持佛法的状态。

四正量（Four Authentics/Four Valid Factors；藏 tshad ma bzhi）：（一）圣教量（valid scripture；藏 lung tséma）；（二）传记量（valid commentaries；藏 tenchö tséma）；（三）师诀量（valid teacher；藏 lama tséma）；（四）觉受量（valid experience；藏 nyam nyong tséma）。四者依此次序生起，但在弟子经验上则为相反。首先，弟子培养某些确切的觉受，进而珍视上师的重要性与价值。一旦能尊敬上师，也就会尊敬他所给予的释论，进而尊敬佛陀所教导之原始经典。

四依法（Four Reliances；藏 rton pa bzhi）：（一）依法不依人；（二）依义不依语；（三）依了义不依不了义；（四）依智不依识。

四无量心（four immeasurables/four boundless qualities；梵 caturaprameya；藏 tshad med bzhi）：（一）无量的慈；（二）无量的悲；（三）无量的喜；（四）无量的舍。

四种持明果位（four stages of a vidyadhara；藏 rig 'dzin rnam pa bzhi）：四种持明果位为大圆满或宁玛传承所特有，包括：（一）异熟持明（matured vidyadhara）；（二）寿自在持明（vidyadhara with power over life）；（三）手印持明（mahamudra vidyadhara，或“大手印持明”）；（四）元成持明（spontaneously accomplished vidyadhara，或“任运持明”）。

四魔（four Maras；梵 catvari mara；藏 bdud bzhi）：在心灵之道上令修行者产生障碍的四种违逆或“魔”的力量（有时也译为“魔”[demon]）。重要的是，要了解它们并非本具的存在，而是皆由心所造。四魔有两种分类，一种是依照经乘（sutrayana），另一种是依照金刚乘，后者与施身法（藏 chö）的教法密切相关。依照经乘的分类，四魔是：（一）蕴魔：象征我们执著色相、感受和心理状态为“真实”（real）；（二）烦恼魔：象征我们耽溺于负面情绪的习性；（三）死魔：一方面象征死亡本身，它缩短了珍贵的人身寿命，另一方面也象征我们对变化、无常与死亡的恐惧；（四）天人魔：象征我们对愉悦、便捷与寂静（peace）等的欲求。

末法时期（degenerate times；梵 kaliyuga）：“末法时期”是指具五浊恶世的时期：（一）命浊——生命短促；（二）烦恼浊——五毒炽盛；（三）众生浊——众生难以调伏；（四）劫浊——战争、饥荒扩散；（五）见浊——邪见增盛。

生起次第（Creation meditation/generation/development stage；梵 utpattikrama；藏 bskyed rim）：“生起次第”基本上即是“观想修持”（visualization practice），目的是净化我们的显相。

世间八法（eight worldly dharmas；藏 'jig rten chos brgyad）：即世间八种成见，或称“轮回八法”。它们包括：期望赞誉而恐惧被批评，期望快乐而恐惧不快乐，期望有所得而恐惧有所失，期望名声而恐惧无名。

立断（trekchö；藏 khregs chod）：为大圆满修行的两个面向之一，意为“完全切断”（thoroughly cutting through，即完全切断阻碍、固执、僵硬与封闭），或者“突破”（breakthrough）。“立断”的修持揭示出超越概念戏论的本具清净。

甘露（梵 amrita；藏 bdud rtsi）：梵语“amrita”的字义是“无死”（deathless），藏语为“dütsi”，因为“它是一帖良药，能克服死亡的恐怖之境”。而药物性的甘露，则对于各个层面的治疗与成就（siddhis）都有效用。

龙钦巴（Longchenpa, 1308~1364；藏 klong chen pa）：又名“龙钦·冉江”（Longchen Rabjam），意为“无边、广袤的虚空”；或“智美·沃瑟”（Drimé Özer），意为“遍知无垢光”。他是宁玛传承最卓越的一位上师，在其巨著“七宝藏”（*Seven Treasures*。译按：“七宝藏”为《法界宝藏论》、《如意宝藏论》、《胜乘宝藏论》、《窍诀宝藏论》、《句义宝藏论》、《宗派宝藏论》、《实相宝藏论》）中，他将宁玛派教法系统化，并著有大量关于大圆满之著作。他把龙钦心髓系列教法传授给吉美·林巴，此法随后成为最广为遵循的传承之一。

《龙钦心髓前行》（*Longchen Nyingtik Ngöndro*；藏 *klong chen snying thig sngon'gro*）：《龙钦心髓前行》的根本偈颂主要源自吉美·林巴（Jikmé Lingpa，1730~1798）所发掘的《龙钦心髓》（*Longchen Nyingtik*）伏藏原本，因此它是莲师亲说之“金刚语”（vajra words）。这部深奥而富诗意的伏藏，随后由吉美·林巴的嫡传弟子、第一世杜竹千（Dodrupchen）晋美·琛列·沃瑟（Jikmé Trinlé Özer，1745~1821）仁波切整理并增编为现今的版本。虽然我们通常将这一系列的修法简称为《龙钦心髓前行》，但其全名应是《大圆满龙钦心髓前行：抵达遍知的殊胜之道》（*The Preliminary Practice of the Dzogchen Longchen Nyingtik*：*The Excellent Path to Omniscience*）。

龙树（梵 Nagarjuna，150~250；藏 klu sgrub）：伟大的学者龙树为佛陀法教“六庄严”（Six Ornaments。译按：即指龙树、圣提婆、无著、世亲、陈那、法称等六大论师）之一，他被所有佛教宗派尊崇为无与伦比的大师。他的著作奠定了中观学派（Madhyamika School）的基础，此学派提倡“中道”（Middle Way）学说，被认为是经乘最高的见地。他也是二转法轮核心教授“般若经”（Prajñaparamita Sutras）的开启者。他是八十四大成就者（mahasiddha）之一，也是八大持明之一。

六～七画

老外（Inji）：西藏人拿来称呼所有西方人的用语，无论他们来自哪个国家。"Inji"之字音是来自"English"（英国人）被扭曲而不标准的发音。

自性身（梵 svabhavikakaya；藏 ngo bo nyid sku）：佛的四身之一。堪布贝玛·班杂（Pema Vajra）说："自性身是已达二净之证悟身，二净为基本实相虚空之本然清净，以及净除一切暂时染污之离垢净。"它是究竟的佛身，它的智慧面向称为"智慧法身"（wisdom dharmakaya），它对清净众生的显相是具足五决定（fivefold certainty。译按：即师决定、处决定、法决定、眷属决定、时决定，又称"五圆满"）之报身，对不清净众生的显相是化身。

观（梵 vipashyana；藏 lhag mthong）：常译为"观慧"（insight wisdom）或"净见"（clear seeing）。

观世音（梵 Avalokiteshvara；藏 spyan ras gzigs）：一般认为观世音是诸佛之"语"的精要，也是诸佛慈悲的化现。

身（梵 kaya；藏 sku）：梵语"Kaya"字义为"身"（body），亦指"次元"（dimension）、场域（field）、基础（basis）。

别解脱戒（梵 pratimoksha；藏 so sor thar pa）：别解脱戒被称为"佛教的基石"（foundation of Buddhism），因为对一般人而言，身戒是心灵修持的开始，也是心灵成长的基础。发愿持守清净的别解脱戒是为了成就自我解脱，这是属于声闻乘的修持。然而，由于藏传佛教徒是大乘行者，因此他们强调以菩提心的态度来持守别解脱戒。

报身（梵 sambhogakaya；藏 longs sku）：报身是指佛的"色身"（梵 rupakaya），它只对菩萨显现，是生起化身的基础。报身具有（三十二种）大人相与（八十种）随形好。

阿努瑜伽（梵 anuyoga；藏 rjes su rnal 'byor）："阿努瑜伽"是宁玛派独有的三乘（三种极具强大转化力之法道）中的第二种。阿勒·增喀（Alak Zenkar）仁波切说："此乘之所以名为'阿努瑜伽'或'随类瑜伽'，是因为它主要教导要热切追求（或"跟随"）智慧之道，目的在了悟万法皆为究竟虚空（absolute space）与本初智慧（primordial wisdom）不二双运之创造性展现。"

阿底峡（Atisha Dipamkara，982~1054。意译为"吉祥燃灯智"）：阿底峡是一位印度的伟大上师与学者，著作等身，包括《菩提道灯》（*Lamp for the Path of Awakening*）。他是著名的佛教大学超戒寺（梵 Vikramashila）的主要上师之一，他恪守戒律，并以教法纯净而广受称颂。人生的最后十年住在西藏，从事教导与翻译法本的工作，并对当地历经一段压制时期后的佛法复兴有重大的贡献。他的弟子创立了噶当巴派（Kadampa school）。

阿赖耶（梵 alaya；藏 kun gzhi）："总基"或"基础"。龙钦巴如此描述"阿赖耶"："这是未证悟且无记（非善非恶）的状态，它属于心与心理活动（mental events）的范畴，它是所有的'业'与轮回、涅槃'痕迹'的基础。"而在"道果"（藏 Lam Dré）的教法中，它指的是"觉空不二"（觉性与空性不可分离之结合）。在"修心七要"（*Seven Points of Mind Training*）中，这个词汇也是如此使用。

声闻乘（梵 shravakayana；藏 nyan thos kyi theg pa）：声闻之道，也称为"上座部"（梵 Theravada）传统、"基础乘"（basic yana），或现今比较少用的"小乘"（梵 Hinayana）。

八画

空行母（梵 dakini；藏 mkha' 'gro ma）：字义为"空中移行"（move through space），是与智慧相关的女性本质。此语有多重意义，一般空行母是指具足某种程度法力的众生，而智慧空行母则是完全证悟者。

明点（梵 bindu；藏 thig le）：字义为“球体”（sphere）或“精华之滴”（essence-drop），是存于身心系统内的“精华”（essence）。

拙火（梵 Kundalini）：拙火是一种能量或潜能，与“轮”、“脉”、“气”、“明点”同样是人“微细身”（subtle body）的一部分。

怙主顶果·钦哲仁波切（Kyabje Dilgo Khyentse Rinpoche，1910~1991；藏 dil mgo mkhyen brtse rin po che）：顶果·钦哲仁波切生于东藏康区（Kham）的德格（Dergé），被认证为蒋扬·钦哲·旺波的意化身，也是蒋扬·钦哲·旺波的事业化身蒋扬·钦哲·秋吉·罗卓（Jamyang Khyentse Chökyi Lodrö，1896~1959）最亲近的弟子之一。他被公认为20世纪最伟大的大圆满传承上师之一、莲师的真实化身，也是当今众多重要喇嘛的上师。

法身（梵 dharmakaya；藏 chos sku）：字义为“法之身”（Dharma body），即佛果的空性面向，亦被译为“实相之身”（body of truth）、“究竟次元”（absolute dimension）。

法界（梵 dharmadhatu；藏 'chos dbyings）：字义为“虚空”（space）、“界”（realm）或“法之场域”（sphere of dharma）。无始、不变之遍在虚空与无缘之整体（unconditional totality），一切现象皆于其中生、住、灭。（资讯来源：那烂陀翻译委员会［Nalanda Translation Committee］）

法称（梵 Dharmakirti；藏 chos kyi grags pa）：又名为“确吉·札巴”（Chökyi Drakpa），公元7世纪生于南印度的婆罗门家庭。自幼接受婆罗门教育，后来对佛法产生兴趣，为了从世亲（梵 Vasubandhu）的嫡传弟子处领受教法，他前往那烂陀寺习法。当时法护（梵 Dharmapala）仍然在世，而陈那（梵 Dignaga）已经圆寂，法称于是求戒于法护，而自陈那的嫡传弟子自在军（梵 Ishvarasena）处领受教法。在彻底理解陈那的教法之后，法称成为最伟大的因明上师，并著有《因明七论》（*Seven Treatises on Valid Cognition*，也称《七部量论》）。

波罗蜜多（梵 paramita；藏 pha rol tu phyin pa）：梵语“paramita”译为“transcendental perfection”（超越之圆满），其字义为“去（ita）彼岸（param）”或“超越”（transcend）。这是描述菩萨行的词汇，它包含方便与智慧，这两者即是为了众生成佛的慈悲发心与空性见地。（资讯来源：莲师翻译小组）

轮（梵 chakra）：能量中心。

弥勒（梵 Maitreya/Maitreyanatha；藏 byams pa/byams pa'i mgon po）：弥勒菩萨是继释迦牟尼佛之后的下一尊佛，现居于兜率天（梵 Tushita）。他传法给无著（梵 Asanga），无著将这些教法转录为“弥勒五论”（*Five Treatises of Maitreya*。译按：“弥勒五论”为《现观庄严论》、《大乘庄严经论》、《辨中边论》、《辨法法性论》、《究竟一乘宝性论》）。弥勒为八大菩萨之一，他有时被描绘为白黄色，手持橙枝，用以驱散热恼。

《杰尊心髓》（*Chetsün Nyingtik*；藏 *lce btsun snying thig*）：《杰尊心髓》这一系列的深奥教法，出自伟大的蒋扬·钦哲·旺波（1820~1892）所著的《成就法总集》（*Seven Authoritative Transmissions*；藏 *ka bab dün*），属“忆念”（recollection or reminiscence）部（藏 jé dren）。（依据马修·理卡德［Matthieu Ricard］所著的《*Introduction to the bce btsun snying thig gi chos skor*》［Shechen Publications，Delhi，2004］。）

九画

食子（torma；藏 gtor ma）：一种仪轨用的供品，通常以奶油与糌粑（藏 tsampa）用手工上色制作而成，它可以代表本尊、坛城、供养，甚或是武器。

毗卢遮那七支坐（seven-point posture of Vairochana；藏 rnam snang chos bdun）：（一）双腿盘坐；（二）手置于大腿前部或膝上；（三）背脊挺直；（四）双肩微开，如鹰之双翼；（五）头颈（下巴略微内收）；（六）口（舌尖顶触上颚）；（七）眼睛

（目光朝鼻尖方向往下）。

持明（梵 vidyadhara；藏 rig ’dzin）：字义为“明觉持有者”（awareness holder）。根据顶果·钦哲仁波切所说，这是指持续安住于本觉（rigpa）之清净觉性中的人。

脉（梵 nadi；藏 rtsa）：微细的通道。人体内共有 72000 个细微的通道，但是主要的三个，是与脊椎平行的中脉（梵 avadh t ；藏 dbu ma）、右脉（梵 rasana；藏 ro ma）与左脉（梵 lalana；藏 rkyang ma），左、右两脉位于中脉两边。在某些部位，右脉与左脉盘绕中脉，形成一系列的“结”（knot）。沿着中脉坐落数个“脉轮”（channel wheel；梵 chakra）或能量中心，通道如伞骨般由此分出。

荟供（tsok；梵 ganachakra；藏 shogs）：金刚乘重要之供养与净化修持，特别在藏历每月初十与二十五日修持。藏语“tsok”意指“积聚”（an accumulation）或“集会”（a gathering）、“集合”（an assembly or group）。

绒松巴（Rongzompa，1012~1088）：全名为“绒松·确吉·桑波”（藏 rong zom chos kyi bzang po）。绒松巴是一位有高度证量的大师与学者，他对《幻化网根本续》（梵 *Guhyagarbha Tantra*；藏 *rgyud gsang ba’i snying po*）的释论，以及有关引介大乘的著作《入大乘法理》（*Introduction to the Way of the Great Vehicle*；藏 *theg pa chen po’i tshul la ’jug pa*）与《证成现相即佛论》（*Establishing All Appearances as Divine*；藏 *snang ba lhar sgrub*）最为著名。

须弥山（Mount Meru/Mount Sumeru；梵 sumeruparvata；藏 ri rab）：须弥山是一座方形有四面的山，顶部比底部更大，高达八万由旬（四十五万公里），位于世界的中心，由七金山隔开的七内海所环绕。位于其外的一个巨大咸水外海中，有四大部洲与八小部洲（各有两小洲位于每大洲左右的海中）。我们人类居住在南瞻部洲（梵 Jambudv pa），这个完整的世界体系由一环铁围山所围绕。整个宇宙则是由无数此类的世界所组成。

十画

乘（vehicle；梵 yana；藏 theg pa）：在心灵之道上能引领我们至究竟目标者。阿勒·增喀仁波切写道：“……‘乘’之意为何？《集经》（*The Condensed Sutra*）中说过，此乘是抵达如虚空般广大的大乐宫殿之殊胜乘，乘坐它，一切众生将能皆到达涅槃。”在此指出梵语“yana”的字义是一个“道乘”或“乘具”，它沿着“道”（path）与“地”（bhumi）承载我们，带给我们更高的证悟功德。

般涅槃（梵 parinirvana；藏 yongs su myang ’das）：即“究竟涅槃”（Final nirvana），是由佛与有高度证量的大师们在生命尽头所显现的超越痛苦的境界。“入灭”是佛陀十二行谊的第十二行谊。佛陀八十岁时，于拘尸那罗（Kushinagara）开示：“诸行实无常，汝等勿放逸，当自精进，以成正觉。”之后，便入于般涅槃。

圆满次第（completion meditation/completion stage；梵 sampannakrama；藏 rdzogs rim）：藏语“Dzogrim”常译为“圆满次第”，指的是“生起次第”（藏 kyérim）之后观想的融入。

窍诀教授（pith instructions；梵 upadesha；藏 man ngag）：或译为“口诀指示”。这是为了修行的目的，而以精要且直接的方式，来解释教法中最深奥的要点。

顿超（tögal；藏 thod rgal）：亦称“妥噶”，为大圆满修行的两个面向之一。“顿超”可以在此生中快速证得三身，因此这也是消融修行者业相（karmic vision）最迅捷的方法之一。

十一～十二画

密勒日巴（Milarepa，1040~1123；藏 mi la ras pa）：密勒日巴被视为藏传佛教噶举派的创始者。在西藏文化中，他的生平事迹是最受欢迎与传诵的故事之一。

菩提心（梵 bodhicitta；藏 byang chub kyi sems）：字义为“证悟的心”（the mind of enlightenment）。在相对（世俗）的层面上，这是愿为一切众生而证得佛果的愿力，也是为了达到这个目标所必要的慈悲心、六波罗蜜等方法的修持；在究竟（胜义）的层面上，它是对究竟本性的直观。

颅器（skullcup；梵 kapala；藏 thod pa）：音译为“嘎巴拉”，以颅骨做的碗。

智（梵 jnana；藏 ye shes）：梵语“jnana”在藏语中译为“yeshe”，是“智慧”（wisdom）的多种翻译之一。“yeshe”是经由两种积聚（two accumulations。译按：即积聚智慧与福德两种资粮）所生的智慧，有时译为“本初智慧”（primordial wisdom）。

《智慧成就》（*The Accomplishment of Wisdom*；梵 *Jnana Siddhi/jnanasiddhirnamasadhanam*；藏 *ye shes grub pa zhes bya ba'i sgrub pa'i thabs*）：藏文《丹珠尔》（*Tengyur*）T2219。

喇嘛项仁波切（Lama Shang Rinpoche，1123~1193）：亦名“项·察巴·宗都·达巴”（Shang Tsalpa Tsondu Dakpa；即“项·玉达巴·宗都·达巴”[Zhang Yudakpa Tsondu Dakpa]）或“项仁波切”（Shang Rinpoche；Zhang Rinpoche），有时被简称为“喇嘛项”（Lama Shang；Lama Zhang）。他是当时最伟大的仁波切之一，在 12 世纪负责了西藏大量的佛教事务与政务，建立了察巴噶举（Tsalpa Kagyü）传承，是冈波巴（Gampopa）的达波噶举（Dagpo Kagyü）传承之支派。（资讯来源：www.tsalpakagyucenter.org/Tsalpa/KagyuLineage.html）

《普贤上师言教》（*The Words of My Perfect Teacher*；藏 *kunzang Lama'i shyalung*）：由宁玛派杰出大师巴楚仁波切所著，本书解说了《龙钦心髓前行》，它是由吉美·林巴取出的伏藏龙钦心髓系列教法的基础修行。这部著名的释论是巴楚仁波切直接从其上师吉美·嘉威·纽古领受之口传的忠实记录。

蒋贡·康楚·罗卓·泰耶（Jamgön Kongtrul Lodrö Tayé；藏 ‘jam mgon kong sprul blo gros mtha' yas，1813~1899）：蒋贡·康楚·罗卓·泰耶因综合众多西藏佛教传承之教证而驰名。这些综合之教证收录于“五宝藏”（The Five Great

Treasures)。他被所有西藏佛教宗派视为“利美（藏 Rimé，不分教派）运动”最伟大的上师之一，亦因撰写与编辑一百卷教法而闻名。

蒋扬·钦哲·旺波（藏 'jam dbyangs mkhyen brtse'i dbang po，1820~1892）：又名“贝玛·沃瑟·多昂·林巴”（Pema Ösal Do-ngak Lingpa）。蒋扬·钦哲·旺波是一位重要的伏藏师（“五大伏藏王”［Five Sovereign Tertöns］之第五位），也是19世纪最尊贵的上师之一。他与秋吉·林巴（Chokgyur Lingpa，1829~1870）、伟大的蒋贡·康楚生于同一时代，被视为是无垢友（Vimalamitra）与赤松·德赞王的双重化身。他是“利美运动”的发起者。

萨拉哈（梵 Saraha；藏 mda' bsnun）：或译为“萨惹哈”。萨拉哈是印度的大成就者之一，以其有关证悟的道歌（梵 doha）闻名。他也是龙树的老师之一，在画像中被描绘为手持一支箭。他的道歌依据传统可分为三类：（一）国王之歌；（二）王后之歌；（三）庶民之歌。

萨迦·班智达（Sakya Pandita，1182~1251；藏 sa skya paNDita kun dga' rgyal mtshan）：萨迦五祖之一，为杰尊·札巴·坚赞（Jetsün Drakpa Gyaltsen）的侄子。他是西藏历史上最伟大的学者之一，也是“雪域三大文殊”（Three Manjughoshas of Tibet）之一。

缘起（dependent arising/dependent origination；梵 pratityasamutpada；藏 rten 'brel）：“缘起”是指一切外在与内在的现象，皆非无因而显现，亦非由无因之恒常创造者（诸如“我”［self］、时间或造物主等）为其因而显现，一切现象皆各由其特殊因缘之聚集而生。一切外在现象由缘起而生，如同种子发成芽一般；而一切内在现象（上、中、下等众生之诸蕴）则以十二缘起法则生起。

十三画

《楞伽经》（*Sutra of the Descent to Lanka*；梵 *Lankavatara Sutra*；藏 *lang kar gshegs* *pa'i mdo*)：全名为《楞伽阿跋多罗宝经》，是佛陀第三次转法轮时的一部大乘佛经。

《解脱庄严宝论》（*The Jewel Ornament of Liberation*；藏 *dvags po thar rgyan/dam chos yid bzhin nor bu rin po che'i rgyan*）：为密勒日巴之杰出弟子冈波巴所著，是一部有关佛法"根"、"道"、"果"之大作。它涵盖了噶当巴（Kadampa）与噶举巴（Kagyüpa）传承大乘教法的精华。

十五画

蕴（aggregate）：见"五蕴"（five skandhas）。

二十画

魔罗（梵 Mara；藏 bdud）：传说中，魔罗是住于兜率天的威武天神，他的住所远离主要天神居住之处。虽然他是色界天神，但由于执著于所欲之物，因此他是住在欲界的六欲天之一。他也是幻相之王，曾试图阻止佛陀在菩提伽耶（Bodh Gaya）获得证悟。

灌顶（empowerment；梵 abhisheka；藏 dbang bskur）：字义为"力量的转移"（transfer of power），是金刚乘（vajrayana）中听闻、学习与修持法教的许可，通常会在极为繁复或极为简单的仪式中完成。

钦哲基金会

KHYENTSE
FOUNDATION

宗萨蒋扬钦哲仁波切将本书之所得全数捐赠给钦哲基金会（Khyentse Foundation）。

钦哲基金会创立于 2001 年，为一非营利性组织，其目的是建立一个护持系统，以具远见的思维，来保存并拓展佛教各个传统的研习与修持。

自创立至 2012 年为止，钦哲基金会已在世界三十个不同的国家资助了佛教的研究与修持计划。在过去十年中，基金会提供了超过六百万美元的奖助金，其中所资助的计划包括“加州柏克莱大学佛学研究教席”、“智慧上师数位图书馆”、“亚洲传统佛学院基金”、“全球性佛学奖学金”，以及其他众多的创意计划。这些计划估计直接影响了一万多人的生命。宗萨钦哲仁波切的愿望是，藉由这些计划的推展，让佛陀的教法能够经由受助者的努力，而得以广为流传。

其他目前正在进行的计划尚有“全球高等教育系统之佛学研究调查”，以及培育并推动一个百年的计划——“八万四千·佛典传译”，其目标是将广大的佛教教法全部翻译成现代的语言。

想要了解更多有关钦哲基金会或宗萨钦哲仁波切之佛行事业，请上基金会网站：www.khyentsefoundation.org。